Kia Vahland

ANSICHTSSACHEN

Alte Bilder, neue Zeiten

Mit zahlreichen Abbildungen

Insel Verlag

Insel-Bücherei Nr. 1448

ANSICHTSSACHEN

Für B.

INHALT

VORWORT

Es gab eine Zeit, da war die Malerei das Leitmedium. Mit ihr ließ sich große Politik machen und ebenso das Privateste offenbaren. Sie wandte sich in Kirchen an Analphabeten, im Audienzsaal an Botschafter und Könige, im Wohnzimmer an die Hausherrin. Wer einen Verstorbenen vermisste, ließ ihn malen; wer ein Gegenüber für sein Gebet suchte, erstand ein Andachtsbild. Staatschefs erwarteten von der Malerei Ruhm, zumindest aber, als gütige Regenten dazustehen. Kirchenfürsten orderten Altargemälde, um ihre jeweilige Sicht auf Gott und die Welt zu verbreiten.

Alle hofften, in der Kunst etwas zu finden, das lange währt. Das wollten auch die Künstler, allerdings verfolgten die besten dabei, zu unserem Glück, eigene Ziele. Sie kannten die Kniffe des Zeigens und Sehens und verstanden es, keine Propaganda zu machen, nicht diesem oder jenem Herrn zu schmeicheln, sondern Werke zu schaffen, die noch Jahrhunderte später verstanden werden, weil sie Allgemeinmenschliches vor Augen führen. Der Papst und der König, die Madonna und der Heilige werden zu Akteuren, die für das Publikum Leben aufführen. Der Künstler ist Kind seiner Zeit, aber er muss sich auch in ihm fremde, etwa biblische und mythologische Figuren und Situationen hineinversetzen. Diese Empathie wohnt den Werken bis heute inne, sie erzeugt weitere Einfühlung, nämlich die der Betrachter, die vielleicht in einer anderen Epoche, einem anderen Land leben, aus anderen Verhältnissen kommen – und sich doch angesprochen fühlen, wenn Peter Paul Rubens über den Krieg räsoniert, Vincent van Gogh in einen alles auflösenden Farbstrudel gerät und Paula Modersohn-Becker die Melancholie eines Mädchens auslotet.

Dieser Band fragt nach der Aktualität der alten Bilder – ohne die Differenzen zwischen Damals und Heute zu vergessen. Die Welt, in der diese Gemälde entstanden, war eine andere, ihre Bewohner würden sich in unserer so wenig zurechtfinden wie wir in ihrer. Geschichte wiederholt sich nicht. Deshalb geht es in den Texten nicht darum, äußerliche Ähnlichkeiten auszumachen, also von Ochsenkarren auf das Auto zu schließen, von Bildern aus dem Osmanenreich auf die Türkei. Das wäre anachronistisch.

Die Künstler zeigen aber nicht nur ihre eigene kleine Welt, sie suchen nach den großen Fragen, die Menschen bewegen. Ein neuer Blick auf alte Meister zeigt: Ihre Themen sind unsere. Tizian, Rembrandt, Caspar David Friedrich und ihre Kollegen haben etwas zu sagen zu dem, was das 21. Jahrhundert im Persönlichen und Politischen umtreibt. Ihre Bilder handeln von Liebesheirat, Flucht, dem Auseinanderdriften von Arm und Reich, Redefreiheit, von Zukunftsängsten, überbehüteten Kindern, hassenden Menschenmassen, Machtmissbrauch oder dem Stillen in der Öffentlichkeit. Ihre Distanz zu unserer Gegenwart lädt ein, mit Abstand auf das eigene Dasein zu blicken.

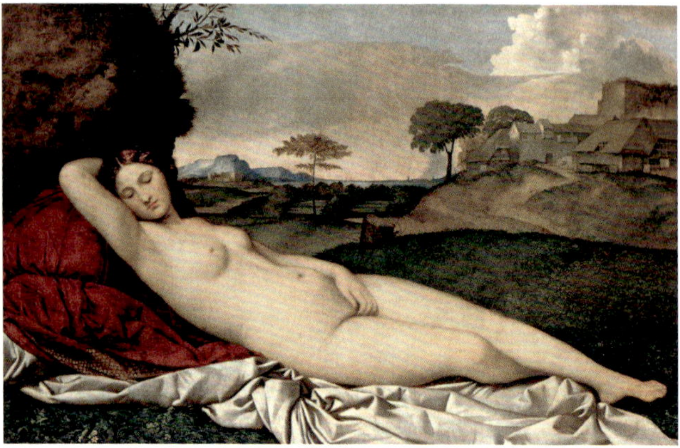

Giorgiones »Venus«, entstanden um 1508/1510, schlummert heute in der Gemäldegalerie Dresden.

GIORGIONE SCHÄTZT AUSZEITEN OHNE PFLICHTEN

Ende der Schulferien. Kinder dürfen nicht mehr ausschlafen, Lehrer auch nicht, und Eltern fügen sich wieder dem Rhythmus der U-Bahnen, Konferenzen, Kantinenzeiten. Die Auszeit ist vorbei.

Wie lebensnotwendig es ist, zwischendurch innezuhalten, zu träumen und zu denken, davon hatten die gebildeten Italiener der Renaissance genaue Vorstellungen. Vielen Intellektuellen schwebte ein Gleichgewicht zwischen Vita contemplativa und Vita activa vor: Entspannung, Reflexion sollten sich abwechseln mit Arbeit und gesellschaftlichem Engagement.

Insbesondere die jungen adligen Venezianer verliebten sich um 1500 in die Idee des süßen Nichtstuns auf Zeit. Die oft noch unverheirateten Männer sinnierten in den Salons ihrer Paläste über die Liebe und das vermeintlich freiere Leben auf dem Land. Das unwirkliche Arkadien, die Parallelwelt der Antike, wurde ihr Sehnsuchtsort. Sie suchten ihn in der Musik, der Lyrik, der Malerei.

Diese Generation hatte das Wünschen entdeckt – und schwelgte in Bildern einer besseren, ausgeglicheneren Welt. Verständlich ist das auch deshalb, weil Venedig zeitweise mit allen Großmächten verfeindet war und in der

Isolation um seine Existenz fürchten musste – das Gebaren der väterlichen Würdenträger, ihre Lagunen-Diplomatie, ihr kaufmännisches Geschick schienen den Söhnen sinnlos geworden sein. Und wer sich am Abgrund wähnt, genießt gerne noch einmal das Leben in vollen Zügen.

In dieser Stimmung schuf Giorgione, wohl mit Unterstützung Tizians, seine schlafende Venus. Sie hat es sich auf einem Laken und einem prächtigen roten Kissen in der Landschaft des Veneto bequem gemacht und rekelt sich in der Kuhle ihres rechten Arms. Nackt wie eine Göttin liegt sie da, und ist doch ein Mensch. Die linke Hand fällt in ihren Schoß, bedeckt und betont ihn gleichermaßen. Die Schöne schlummert oder tagträumt mit geschlossenen Augen, und genau dies macht ihre einmalige Souveränität aus: Ja, wir dürfen sie betrachten. Nein, allzu nahe kommen wir ihr nicht. Denn ihr reiches Innenleben spielt sich hinter den geschlossenen Lidern ab, und von ihrer ganz persönlichen Vita contemplativa erfahren wir nichts. Diese Frau ruht in sich selbst.

Das unterscheidet sie von vielen ihrer Nachfolgerinnen, geschaffen von Tizian über Francisco de Goya bis Édouard Manet. Die liegen auch nackt da, wollen aber den Betrachter gewinnen mit Blicken und Gesten. Giorgiones Göttin will nichts; sie existiert einfach, diese Meisterin einer Muße, nach der sich noch heutige Zeitgenossen sehnen.

DIEGO VELÁZQUEZ LÄSST EINEN KÖNIG VOLKSNAH AUSSEHEN

Angela Merkel, heißt es, verdanke ihre Beliebtheit auch ihrer Zurückhaltung. Ein farbiger Blazer ist alles an Extravaganz, was sie sich erlaubt; etliche Kleidungsstücke trägt sie jahrelang. Auch SPD-Politiker wie Olaf Scholz und Martin Schulz geben sich gern uneitel. Wie einst Kanzler Gerhard Schröder einen Brioni-Anzug anzulegen, liegt ihnen fern.

Schlichtheit hat unter europäischen Staatschefs Tradition als vertrauensbildende Maßnahme. Im frühen 17. Jahrhundert überzieht der Barock ornamental den Kontinent. In Spanien regiert der jugendliche Philipp IV., angeleitet von dem Ersten Minister Graf Olivares. Dieser erfindet eine prunkfreie Strategie: Er will ein Sparpaket durchsetzen, die Gesellschaft zentralisieren und die Autorität des Monarchen stärken. Damit das glaubwürdig ist, verordnet Graf Olivares dem König Schnörkellosigkeit. Auch alle anderen Spanier dürfen keine goldbestickten Stoffe mehr tragen. Das werde Neid unterbinden und den sozialen Frieden wahren.

Im Jahr 1623 berufen die beiden einen neuen Hofkünstler nach Madrid: Diego Velázquez. Bis dahin hat sich der 24-jährige Maler aus Sevilla vor allem mit Küchenbildern und anderen Kleine-Leute-Sujets hervorgetan. Er

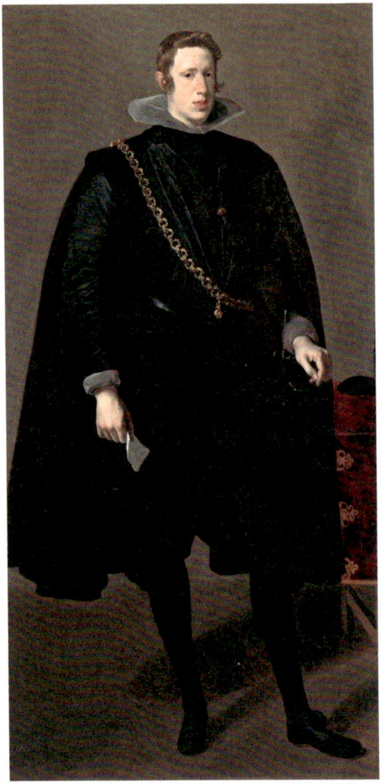

Diego Velázquez' Bildnis des Königs Philipp IV. von 1624 hängt im Metropolitan Museum of Art in New York.

bringt die richtige Einstellung mit, um das Königsbild zu versachlichen.

Der Kunsthistoriker Martin Warnke hat nachgewiesen, wie sich die politische Strategie von Graf Olivares in den frühen Königsporträts des Velázquez niederschlägt. Ein Gemälde aus dem Jahr 1624 zeigt Philipp IV. frei im Raum stehend. Er muss sich an nichts festhalten, an keinem Zepter und keiner samtenen Lehne eines Throns. Sein einziges Statussymbol ist ein Blatt Papier in der Rechten, das Kennzeichen aller modernen Bürokraten. Auf dem Zettel steht wohl eine Mitteilung an Philipps Ersten Minister Olivares, der sich so ins Bild einzuschleichen versteht.

Der König kleidet sich wie ein Kaufmann in unaufdringlichem Schwarz, das alles Licht aufsaugt. Umso heller erstrahlt sein Kopf mit der undurchdringlichen Miene, die er sich antrainiert hat. Sein längliches Gesicht, die blasse Haut, die große Nase und vollen Lippen kennzeichnen ihn als Habsburger. Schöner macht ihn das nicht. Immer wieder wird Velázquez den König malen, bis dieser schließlich den »kalten Blick« des Künstlers fürchtet.

Bei militärischen Erfolgen werden die Bildnisse durch Madrid getragen, zudem versendet das Königshaus sie nach halb Europa. Doch die Bilder verhindern nicht die Staatsbankrotte, in die Philipp sein Volk führen wird. Diese sind heute vergessen. In Erinnerung geblieben sind von Philipp IV. nur die Porträts des Velázquez. Understatement kann langfristig Eindruck machen, es ist auch heute noch ein auf Dauer angelegtes Machtmodell.

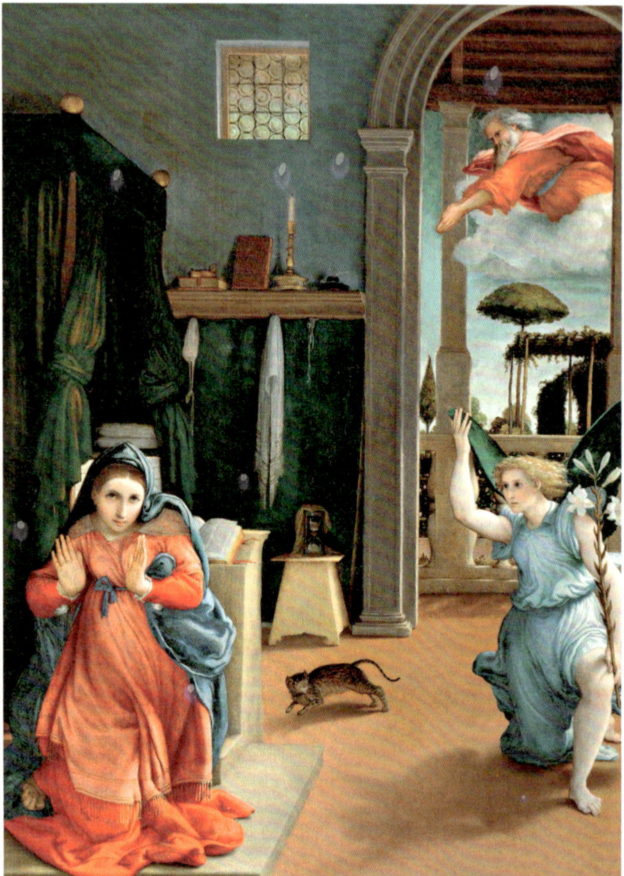

Lorenzo Lottos »Mariä Verkündigung«, um 1527 gemalt, hängt in der Pinacoteca Comunale im italienischen Recanati.

LORENZO LOTTO WEISS, WIE VERSTÖREND NACHRICHTEN SEIN KÖNNEN

Nachrichten können gut oder schlecht sein, immer aber, wenn sie von Bedeutung sind, verändern sie das Leben. Die Illusion, nach einem wichtigen Ereignis ginge alles wie gewohnt weiter, lässt sich auf Dauer nicht aufrechterhalten. Die Terroranschläge von Paris, Berlin und London haben das Bewusstsein geschärft auch für Nachrichten von Gewalttaten anderswo: Globale Probleme werden sich früher oder später auf den europäischen Alltag auswirken, auch wenn das niemandem behagt. Einschneidende Nachrichten künden von einem Wandel, den man in dem Moment selbst noch nicht umreißen kann. Das kann Angst machen.

Der Impuls, am Bestehenden festzuhalten, die Tragweite einer Neuigkeit nicht sofort wahrhaben zu wollen, ist zutiefst menschlich. Er wird aber selten freundlich beschrieben und reflektiert. Darum ist Lorenzo Lottos Altargemälde der Verkündigung an Maria so außergewöhnlich. In den späten Zwanzigerjahren des 16. Jahrhunderts malt der Künstler das Jungmädchenzimmer eines Renaissancepalastes: Ein grün bespanntes Himmelbett ist zu sehen, ein Lesepult, an der Garderobe hängt ein weißer Schleier. Der Blick durch die geschwungene Terrassentür fällt in einen gepflegten Garten. Behütet lebt die junge Maria hier, ruhig und friedlich ist ihr Alltag. Bis ein Engel hereinplatzt, die Katze aufscheucht und die junge Frau ebenso: Sie soll den Gottessohn austragen; es ist die beste Nachricht, die eine Gläubige sich wünschen kann. Maria aber erschrickt, wehrt sich mit heftiger Geste (tatsächlich soll sie einer Legende zufolge erst einmal mit dem Engel über die Bedingung der Sache, nämlich ihre Unschuld, verhandelt haben).

Voller Sympathie, ohne Vorwurf zeigt Lotto die Überforderung der Frau und ihren spontanen Impuls, den geregelten Alltag zu wahren, am Bekannten festzuhalten. In den Glaubenskämpfen der Reformationszeit sendet er die Botschaft: Man darf, zumindest erst einmal, auch zweifeln an Gottes Entscheidungen, darf menschlich reagieren auf den Kontrollverlust, den höhere Gewalt für das Individuum bedeutet. Nur wer anerkennt, welche Zumutungen sogar gute Nachrichten sind, kann im zweiten Schritt sein Leben darauf einstellen.

EDVARD MUNCH VERTEIDIGT DAS RECHT AUF ERINNERUNG

In einem EU-finanzierten Forschungsprojekt erkunden Forscher, wie sich persönliche Erinnerungen durch Bilder manipulieren lassen. Das kennt jeder, der sich bestimmte Situationen der frühen Kindheit ins Gedächtnis ruft – und sie in Wahrheit nur aus den Fotoalben kennt, die er mit den Eltern immer durchgeblättert hat. Doch nun gehen Wissenschaftler weiter, sie fotografieren den ganzen Alltag mit Kameras, die den Versuchspersonen um den Hals hängen. Und zeigen ihnen hinterher nur das vermeintlich Wichtige, Schöne, Gute, auf dass es verinnerlicht werde. Ähnlich macht das Facebook und präsentiert seinen Mitgliedern im Nachhinein ihre besten Online-Lebensmomente.

Vielleicht muss man heute das Recht auf Erinnerung und Vergessen verteidigen, gehört beides doch zum Kern der Persönlichkeit. Wer erinnert, der malt seine Geschichte selbst. Wer vergisst, grenzt sich ab und verabschiedet Unwichtiges. Manch einer hat schon schlechten Erlebnissen etwas Individuelles abgewonnen, weil er sie auf seine ganz persönliche Art durchdenkt und so im Nachhinein in das eigene Leben integriert.

So jemand war Edvard Munch. Er gehörte zu den Avantgardisten, deren Bezugsgröße nicht mehr eine ver-

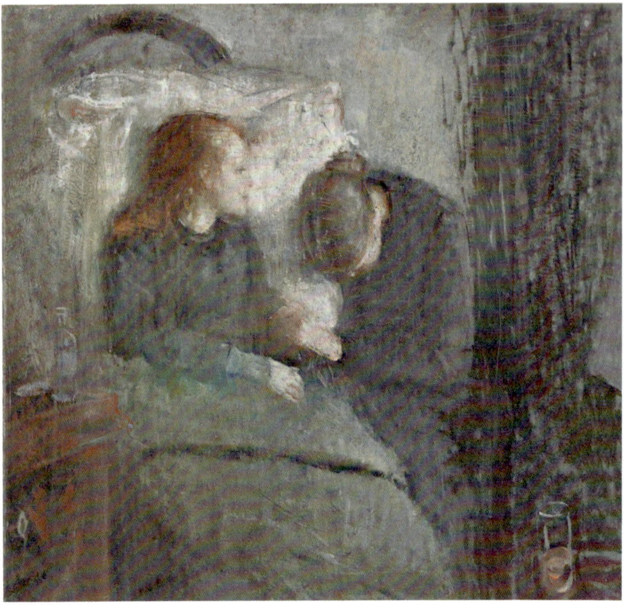

Edvard Munchs erste Fassung von »Das kranke Kind« entstand 1885/1886 und hängt heute in der Norwegischen Nationalgalerie in Oslo (hier abgebildet).

Seine vierte Fassung von 1907 ist heute in der Tate Gallery in London zu sehen.

meintlich objektive Realität war, sondern das persönliche Erleben. »Du sollst Dein eigenes Leben schreiben«, forderte 1889 der norwegische Schriftsteller Hans Jaeger. Der Maler entsprach dem mit Pinsel und Farben. Kurz zuvor hat er das erste Mal »Das kranke Kind« gemalt. Eine Frau beugt sich über ein bleiches Mädchen im Bett und scheint dessen Hand zu greifen. Der Farbauftrag ist grob und pastos, der Maler hat ihn so lange zerkratzt, bis das Gemälde mit seinem Grauschleier wie ein Traumbild wirkt. Immer wieder wird er dieses Motiv malen, immer expressiver, farbiger und plastischer sehen die insgesamt fünf Fassungen aus.

Munch hatte als Fünfjähriger seine Mutter an die Tuberkulose verloren und acht Jahre später seine Schwester. Dieses Unglück, sagte er, war »für meine Kunst bestimmend«. »Das kranke Kind« ist Munchs selbstgestaltete Erinnerung. Niemand hatte sich einzumischen, wie diese aussehen sollte. Das gemalte sitzende Mädchen wurde Teil seines Lebens, das erst durch diese Bilder erträglich wurde.

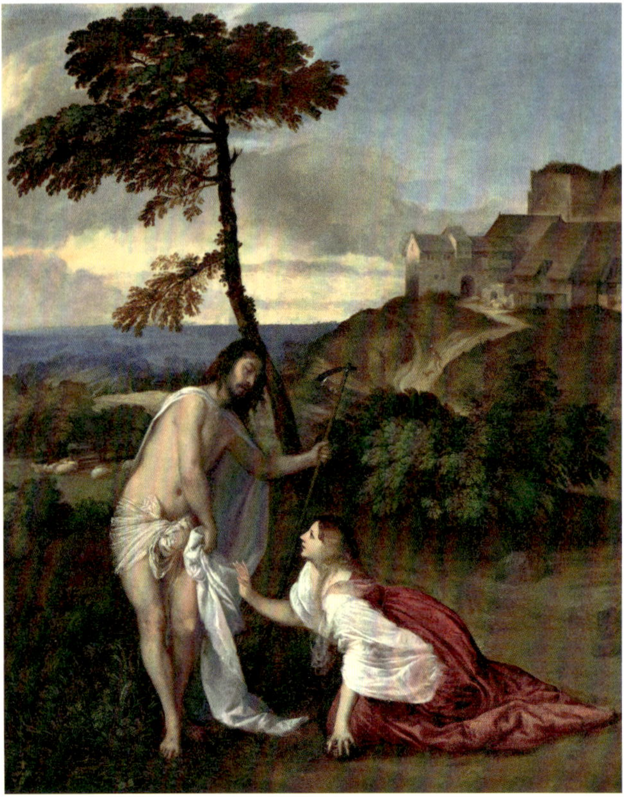

Tizians »Noli me tangere«, um 1511 entstanden, hängt in der National Gallery in London.

TIZIAN WEISS, WAS MENSCHEN WIRKLICH BERÜHRT

Die Medizin entdeckt die Macht der guten Berührung. Eine Studie im Fachblatt *Scientific Reports* zeigt, dass es Schmerzen lindert, wenn man von einer vertrauten Person angefasst wird. Und die Erfahrung mit Frühchen lehrt, wie wichtig liebevoller Hautkontakt von den ersten Tagen an für die Entwicklung einer Persönlichkeit ist, die einmal zwischen sich und der Umwelt unterscheiden können soll.

Der Tastsinn ist der erste voll ausgebildete Sinn, er macht den Menschen zum Menschen. Umso merkwürdiger ist, wie wenig er in der auf optische und akustische Reize ausgerichteten Gegenwart zählt. Das Mittelalter und noch die frühe Neuzeit waren dagegen taktile Epochen. Reliquien und Statuen luden zum Anfassen ein. Verträge wurden mit Handschlag, dem Friedenskuss oder auch einer Ohrfeige besiegelt. Und die Malerei der Renaissance tat viel, um in der Darstellung von weichen Pelzen, zarter Haut, samtigen Stoffen den Tastsinn mit visuellen Mitteln zu umschmeicheln.

Das hohe Körperbewusstsein der Renaissance drückt sich aus in Bildern, die den gerade auferstandenen Christus zeigen. Er begegnet Maria Magdalena. Als sie ihn schließlich erkennt, will sie ihn anfassen, aus Freude und um sich des Ereignisses zu vergewissern. Christus aber weist sie ab mit den Worten »noli me tangere«, »rühr mich nicht an«. Seine Anhänger sollen sich nicht allein auf seine physische Gestalt kaprizieren, denn bald wird er in den Himmel auffahren und fortan im Geiste bei ihnen sein.

Tizian zeigt, wie Christus sich der knienden Frau entzieht und sein Leichentuch rafft, um ihren Griff zu meiden. Gleichzeitig aber wendet er sich ihr mit seinem Kopf und seiner Herzensseite fürsorglich zu. Er scheint zu ahnen, wie schmerzhaft für Maria Magdalena seine Weigerung sein muss, sie durch eine Umarmung zu trösten. Und auch sie selbst packt bei Tizian nicht beherzt zu, sondern tastet sich vorsichtig voran, die Signale ihres Gegenübers abwartend.

Eine zarte Berührung ist nicht selbstverständlich; sie ist ein Geschenk, das man nicht einfordern kann. Und doch gehört sie zu den Dingen, die das Leben ausmachen.

REMBRANDTS FRAU GENIESST IHR BAD, NOCH VOR DER WELLNESSMODE

Der Herbst ist die Saison der Wellnessanlagen, die sich, ähnlich wie Kunstmuseen, gerne »Tempel« nennen, um ihren andachtshaften, meditativen Charakter zu betonen. Überarbeitete Großstädter steigen in schummrige, warmfeuchte Grotten. Was sie schon deshalb zum Abschalten bringt, weil die Bildschirme von Smartphones hier sofort bis zur Unbrauchbarkeit beschlagen.

Im Nassen die Seele frei zu lassen, bei sich zu sein, ohne permanent sprechen, sich waschen oder etwas anderes Nützliches tun zu müssen, das ist ein eher moderner Wunsch. In der altmeisterlichen Malerei wird auch viel gebadet, aber selten ganz entspannt. Die antike Göttin Diana steigt ins Gewässer mit ihrer Nymphenschar, von denen eine, Kallisto, sich als schwanger erweist und einen Skandal auslöst. Die alttestamentarische Bathseba hat ihre Dienerinnen dabei, als König David sie badend entdeckt. Nur die biblische Susanna will im Wasser allein sein – was dann schnell von gierigen alten Männern vereitelt wird.

Eine aber hat die Ruhe weg: die junge, sehr realistisch gemalte Frau, die der Niederländer Rembrandt um 1654 geschürzten Hemdes in einen Tümpel steigen lässt. Im dunklen Wasser spiegelt sich das goldrote Gewand, das

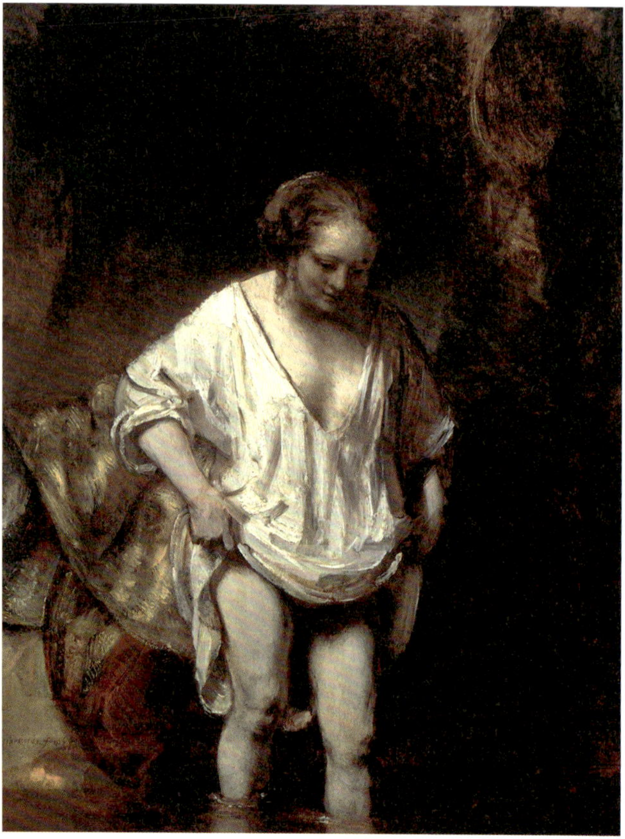

Rembrandt malte diese badende Frau,
vielleicht Hendrickje Stoffels, im Jahr 1654.
Das Bild hängt in der National Gallery in London.

sie vorher abgelegt hat. Glücklich blickt die Frau ins warme Wasser, das ihre Schenkel schon umspült. Gleich wird sie abtauchen und das dünne Tuch in letzter Minute abwerfen. Man sieht ihre Beine, das Dekolleté und ihre Freude – aber sie sieht uns nicht.

Doch das übliche Machtverhältnis des Schauens stellt sich hier nicht her. Trotz der angedeuteten Nacktheit wird der Betrachter nicht zum Gaffer. Die Frau bietet sich ihm weder an, noch wehrt sie ihn ab. Vielleicht ist sie Rembrandts Lebensgefährtin Hendrickje Stoffels, das würde die außergewöhnlich unaufgeregte Intimität des kleinen Gemäldes erklären.

Die feuchten Wonnen ermöglichen dem Künstler, seine suchende, tupfende Malweise zu entfalten. Die Konturen verschwimmen, ein bisschen wie Lichtreflexe im Wasser. Das helle Hemd bringt die Figur zum Strahlen. Wenige Erdfarben und eine kluge Lichtregie genügen dem Endvierziger, um eine so genussvolle wie gelassene Situation zu beschwören: das Entspannungsbad.

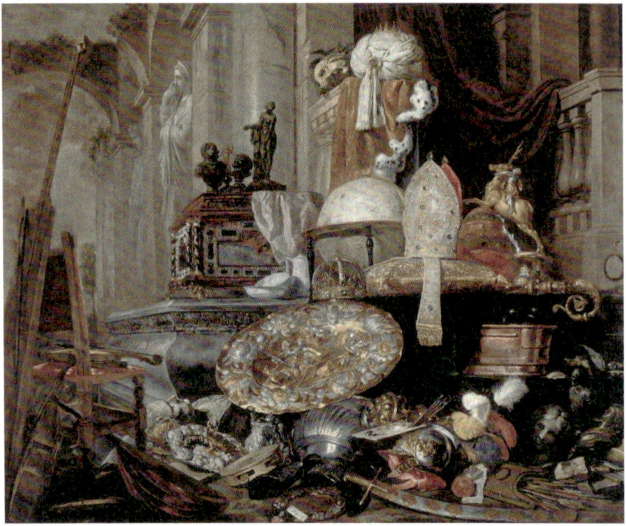

Pieter Boels Vanitas-Stillleben von 1663 hängt im Musée des Beaux-Arts in Lille.

PIETER BOEL FASZINIERT HERRSCHAFTLICHE VERSCHWENDUNG

Gold, überall Gold. Sogar die Tür des Fahrstuhls, in dem Donald Trump in New York seine Gäste empfängt, glitzert golden. Und dann das Penthouse seiner Familie im Trump Tower: Marmor, Juwelen, korinthische Säulen, dazwischen Griechenkitsch und Möbel im Louis-XIV.-Stil. Vergleichsweise bescheiden nehmen sich die überfrachteten Villen an der amerikanischen Ostküste aus, in denen Neureiche im 19. Jahrhundert ihre Idee von Europa zelebrierten, und die war absolutistisch.

Was verkörpert dieser Weltenherrscher? Offenbar doch – unter anderem – eine Sehnsucht nach maßloser Verschwendung. Klimakatastrophe? Nachhaltige Ökonomie, Grenzen des Wachstums? Weg damit, jetzt wird geprasst. Es ist nicht leicht, dafür direkte Vorbilder zu finden. Gemeinhin betonten Staatenlenker die Würde ihres Amtes, zeigten sich als treusorgende Landesväter. Selbst absolutistische Könige legten Wert darauf, in höherem Auftrag zu handeln und nicht aus bloßem Eigennutz.

Das freilich war nicht immer zu erkennen, wenn etwa der Franzose Ludwig XIV. unter dem Gewicht seines Rockes zusammenbrach, weil die Diamanten darauf zu schwer waren. Ein zeitgenössischer Kritiker erklärte sich Ludwigs

Luxusliebe so: »Was er in Wirklichkeit erstrebte und auch erreichte, war, die Geldmittel der Gesellschaft zu erschöpfen.« Ob das auch der Plan des amerikanischen Präsidenten Trump ist, wissen wir nicht. Wohl aber wussten die Menschen der Vergangenheit: Es gibt keinen unerschöpflichen Fluss auf Erden. Abundantia, die Personifikation des Überflusses, schüttet ihr Horn mit Gaben nicht einfach so aus, ein tugendhaftes Leben wird auch erwartet. Und Demut vor der wahren Macht im Himmel. Im Vergleich zum Absolutismus fällt auf, wie wenig von der Endlichkeit allen Wohlstands zu spüren ist in Trumps Selbstinszenierung.

Pieter Boel aus Antwerpen wurde 1674 Hofkünstler von Ludwig XIV. Zuvor malte er auf einem Bild die Pracht weltlicher Statussymbole: eine Krone, eine päpstliche Tiara, einen muslimischen Turban über Hermelinmantel, einen Globus, eine Reiterstatuette, einen Prunkteller mit den Abenteuern der Venus. Alles, was das Herz begehrt. Doch die Kirche, in der die Szene spielt, ist eine halbe Ruine. Und der schöne Tand lagert vor einem Sarkophag, auf dem »Vanitas« geschrieben steht, Eitelkeit. Irgendwann ist das viele Geld nur noch Grabbeigabe. Ein goldener Fahrstuhl im Mausoleum nützt dann auch nichts mehr.

PAULA MODERSOHN-BECKER LIEBT DEN GESTALTUNGSWILLEN

Je kleiner eine Wohnung ist, je mehr Bücher, Kleider, Erinnerungsstücke sich angesammelt haben, desto mehr Mühe macht es, die Räume trotzdem schön und übersichtlich einzurichten. Und je ungeordneter die Welt vor der Tür erscheint, desto dringender kann das Bedürfnis werden, zumindest im eigenen Zuhause Herr oder Herrin zu sein und jeden Winkel vom Bad bis zum Schlafzimmer nach den eigenen Vorstellungen zu formen. Wohnen kann so zu einem fast schon emanzipativen Akt werden, in dem sich ein Gestaltungswille Bahn bricht – und vielleicht, irgendwann, dann auch einmal den öffentlichen Raum ergreift.

So ließe sich Paula Modersohn-Beckers Gemälde »Junges Mädchen mit gelben Blumen im Glas« von 1902 verstehen, das in der Kunsthalle Bremen hängt. An die blauen Wände ihres Zimmers hat die Frau goldgerahmte Gemälde gehängt. Das Gold steigert sich am Hals und an den Händen der Figur zu einem strahlenden Orangegelb, das perfekt zu den Blümchen im Glas passt, welches das Mädchen behutsam umfasst. Derart intensiv beschäftigt sie sich mit ihrer unmittelbaren Umgebung, mit Farbnuancen und Stimmigkeiten, dass sie selbst schon das satte Licht der Blumen angenommen hat, ohne es zu merken. Versunken ist die Frau;

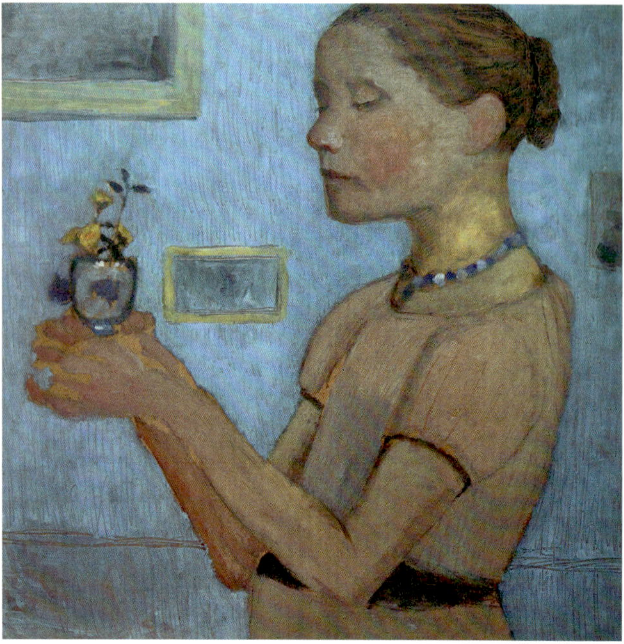

Paula Modersohn-Beckers Bildnis »Junges Mädchen mit gelben Blumen im Glas« von 1902 hängt in der Kunsthalle Bremen.

sie sucht unseren Blick nicht, ist ganz mit sich und ihrem Zimmer beschäftigt.

Traditionellerweise handeln Bildnisse sehr junger Frauen mit Blumen vom »Erblühen« der Weiblichkeit. Dies ist noch im ausgehenden 19. Jahrhundert bei den Bildern der Pariser Künstlergruppe Nabis der Fall, die Modersohn-Becker gekannt haben dürfte. Die deutsche Künstlerin aber wirft keinen romantisierenden Blick auf ihr Modell. Sie erzählt von der Schwierigkeit beim Erwachsenwerden, Innen- und Außenwelt irgendwie in Einklang zu bringen, die eigenen Kräfte zu kennen, zu schätzen und zu zügeln. Weit entfernt ist die Figur so von den oft ausgeliefert wirkenden, erdigen Bauernkindern im norddeutschen Moor, mit denen die Künstlerin berühmt wurde.

Dieses Mädchen ist eine moderne, gut situierte Städterin. Sie knotet ihre Haare akkurat, wählt die Bluse passend zum Teint – und wird mit etwas Glück irgendwann noch andere Themen entdecken als die eigene Erscheinung.

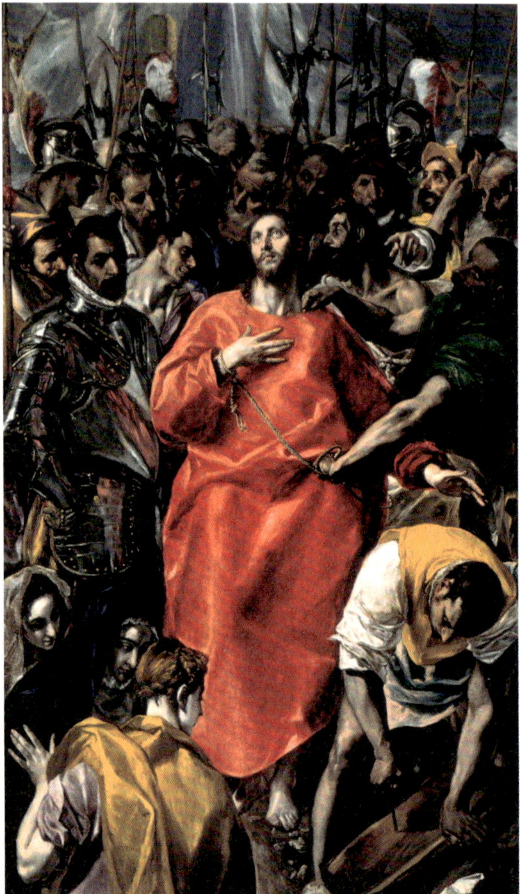

Die zwischen 1577 und 1579 entstandene Urfassung El Grecos hängt in der Catedral de Sta. María de Toledo, eine Kopie in der Alten Pinakothek in München.

EL GRECO FÜRCHTET AGGRESSIVE MENSCHENMASSEN

»In dieser Dichte, da kaum Platz zwischen ihnen ist, da Körper sich an Körper preßt, ist einer dem anderen so nahe wie sich selbst. Ungeheuer ist die Erleichterung darüber.« So beschreibt der Schriftsteller Elias Canetti 1960, warum Menschen Massen bilden, die zur Enthemmung neigen, in Feierstimmung oder in kollektiver Gewalt. In der Masse überwinden Menschen demnach ihre »Berührungsfurcht« und geben sich der Illusion einer symbiotischen Einheit hin. Die Gruppe treibt das Geschehen voran, die Einzelnen reihen sich ein.

Manche aber stehen außen vor und werden schnell zur Zielscheibe, wie dies Jesus auf einem Gemälde El Grecos passiert. Der Künstler schuf es zwischen 1577 und 1579 im Auftrag des Domkapitels von Toledo, der Altar ist bis heute in der Sakristei zu sehen. El Greco führt vor, wie die Menge ihr Opfer immer enger umkreist, gestikulierend; gleich werden sie ihm das rote Kleid vom Leib reißen, den feurigen Lichtpunkt des hochfahrenden Gemäldes. Platz machen sie nur dem Handwerker, der schon einmal Löcher in das Kreuz bohrt, an dem Jesus sterben wird. Auch die trauernde Maria und ihre beiden Gefährtinnen sind an den Rand gedrückt. Die Masse duldet keine ihr widerstrebenden Empfindungen. Lediglich ein Soldat kommt ins Grübeln. Vielleicht ist er der römische Hauptmann, der im Todesmoment Jesu zum Glauben finden wird. Versunkenen Blickes steht er da, stützt untätig seine Rechte in die Hüfte und konterkariert so den Schächer, der sich bereits am Gewand des gefesselten Jesus zu schaffen macht. Den Soldaten ekeln die Demütigungen um ihn herum offenkundig an. Doch trotz seiner stabilen Metallrüstung resigniert er, ohne auch nur zu versuchen, sich der Menge entgegenzustemmen.

Die Kleriker von Toledo baten Gutachter, das frisch gemalte Werk zu prüfen. Diese bemängelten, dass zu viele Köpfe das Haupt des Heilands überragen. Tatsächlich ist ein Gedrängel, wie El Greco es malte, für das Motiv ungewöhnlich. Eine so dichte Wand aus erregten Menschen hinterfängt Jesus in diesem Moment eigentlich nicht. Genau damit aber zeigt El Greco die Dynamik einer Situation, in der sich eine Gruppe gegen einen wehrlosen Einzelnen verbündet. Dieser Mechanismus lässt sich auch heute noch beobachten, etwa in fremdenfeindlichen Angriffen von Rechtsradikalen auf Flüchtlinge.

FRANCISCO DE GOYA SORGT SICH UM KINDER VON HELIKOPTER-ELTERN

Seit Kurzem heißen sie Helikopter-Eltern, die Väter und Mütter, die ihre Kinder vor lauter Sorge nicht aus den Augen lassen. Eltern, die herbeifliegen, wo sie vielleicht gar nicht gebraucht werden. Tatsächlich kann die Angst einen umtreiben, dem eigenen Kind könne etwas zustoßen. Das Kind sieht das möglicherweise anders und muss erst lernen, Gefahren zu erkennen. Die Ängste der Eltern sind nicht seine, es hat andere.

Mit der Aufklärung änderte sich in Europa der Blick auf das Kind; langsam wuchs das Bewusstsein, dass es sich nicht um einen Ableger der Eltern handelt, sondern um ein Wesen eigenen Rechts. Maler haben dies vielleicht schon immer gewusst; davon erzählt die Bildgeschichte des Jesuskindes, das Modell aller anderen Kinderbilder.

Goya porträtiert im Jahr 1788 einen sehr realen Knaben, den Sohn des Grafen von Altamira. Er heißt Manuel Osorio Manrique de Zuñiga, ist knapp vier Jahre alt, trägt Pagenkopf und einen roten Anzug. Mit seinen Seidenschühchen und dem weißen Rüschenkragen sollte er lieber nicht in eine Pfütze springen. Man muss seinen Eltern aber zugutehalten, dass sie Manuel nicht, wie in der Zeit üblich, eine gepuderte Perücke aufgezwängt haben.

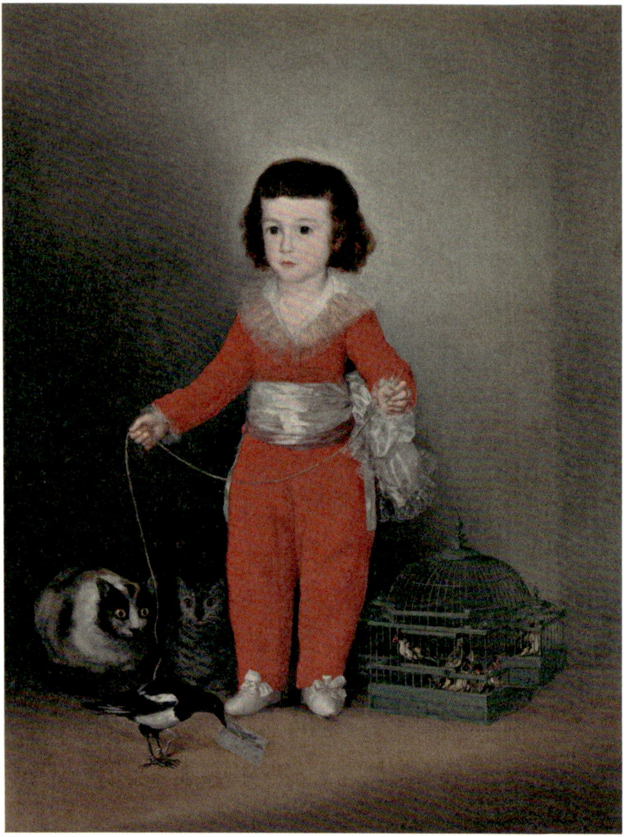

Francisco de Goya malte den kleinen Manuel 1788.
Das Bild gehört zur Jules Bache Collection im New Yorker Metropolitan Museum of Art.

Thema des Bildes ist die heikle Balance zwischen Freiheit und Sicherheit. Der gut behütete Manuel wird selbst zum Kontrolleur, er schwenkt eine Schnur, die seine gezähmte Elster bindet. Die wiederum pickt eine Visitenkarte auf, bändigt also deren Absender. Das ist Goya selbst, der die Karte unter einer aufgemalten Malerpalette signiert hat. Der Künstler ist für etwas Schutz ganz zu Diensten, so wie die Elster auf das Kind hört und das Kind auf seine abwesenden Eltern. Wie gefährlich das Leben ansonsten wäre, zeigen die drei Katzen im Bild: gierig, aber gerade noch zurückhaltend betrachten sie den Vogel.

Der Preis des allumfassenden Schutzes allerdings ist hoch. Die freiheitsliebenden Stieglitze neben Manuel bleiben im Käfig. Und Manuel selbst freut sich nicht an all den Tieren, ein wenig traurig schaut er unter seinem akkurat geschnittenen Pony hervor.

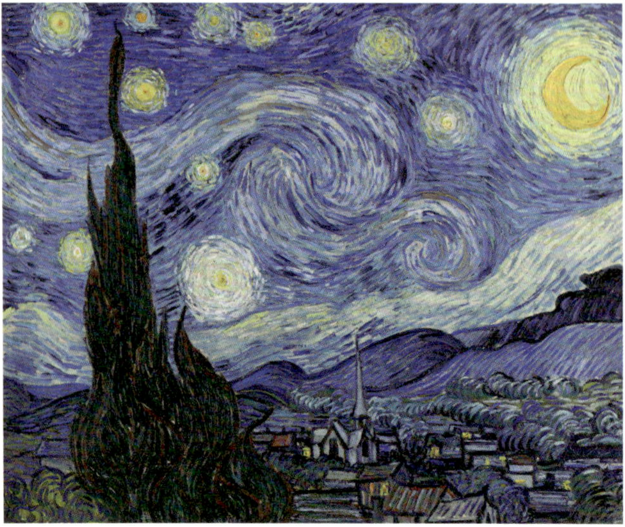

Vincent van Goghs »Sternennacht« (1889) hängt im MoMA in New York.

VINCENT VAN GOGH TRÄUMT VON DEN STERNEN

Wie waren die Sterne, als sie noch nicht uns gehörten? Sondern einfach so am Himmel hingen und Menschen, die mit beiden Beinen auf der Erde standen, aus der Ferne Demut lehrten? Das All entwickelt sich zum kommerziellen Raum. Der amerikanische Unternehmer Jeff Bezos träumt von einer »Langzeitvision, in der Millionen Leute im All leben und arbeiten«. Kurzfristig denkt er an Sternen-Tourismus. Und eine andere amerikanische Firma bietet bereits Reisen rund um den Mond an.

Beflügelt werden könnten solche himmelhochjauchzenden Start-ups von Donald Trump, der während seiner Präsidentschaft unbedingt den Mars von Amerikanern betreten sehen will. Erste Gewächshäuser zur außerirdischen Selbstversorgung werden bereits entwickelt. Keine Fantasie erscheint mehr zu hochtrabend; die Sterne sind zum Greifen da.

Als Vincent van Gogh im Frühjahr 1889 im Krankenzimmer des Sanatoriums von Saint-Rémy-de-Provence lag, waren sie das nicht. Er sah aus dem Fenster des ehemaligen Klosters nur einen kleinen Ausschnitt des Nachthimmels. Das aber genügte, um ihn zu seinem Gemälde »De sterrennacht«, Sternennacht, zu bewegen. Im Krankenzimmer selbst durfte er nicht mit Ölfarben malen, nur vorzeichnen. Umso genauer betrachtete er, was sich draußen tat. An einem frühen Morgen, so schrieb er seinem Bruder Theo, war die Sonne noch nicht aufgegangen, als er schon wach lag. Alles, was er am Himmel erkannte, war »der Morgenstern, der sehr groß aussah«. Im Juni übersetzte er diesen Eindruck in seine »Sternennacht«. Später haben Forscher herausgefunden, dass die Venus im Frühjahr 1889 in Südfrankreich tatsächlich besonders hell leuchtete; sie ist im Gemälde rechts neben der Zypresse zu sehen.

Der Himmel, den der leidende van Gogh sah und sich vorstellte, ist aufgewühlt, wild kreisend, ein wirbelnder Farbenrausch von tiefem Blau und Grellgelb. Die Sterne tanzen, auch die wie eine Flamme zündelnde Zypressenspitze kann sie nicht aufhalten. Alles lebt, ist in Bewegung. Sicherheit und Erdenschwere gibt es nicht, auch nicht im schützenden Sanatorium von Saint-Rémy.

Der Weltraum war einmal unbeherrschbar. Alles, was man tun konnte, war ihn anzuschauen und ein kleines Stück auf eine Leinwand zu bannen, die den Betrachtern noch heute schwindelerregend erscheint.

PETER PAUL RUBENS ZEIGT, WIE MAN WÜRDEVOLL FRIERT

Museumskustoden für flämische Malerei berichten gelegentlich, wie sehr manche Gruppen von Besucherinnen mit den Frauenfiguren von Peter Paul Rubens fremdeln. Wer retuschierte Models und den Diätterror von Frauenzeitschriften gewöhnt ist, wundert sich erst einmal über so viel natürliche Nacktheit, über all die Rundungen und kleinen Hautdellen. Dabei lohnt es sich, mit Rubens' Damen Freundschaft zu schließen, denn sie sind im Vergleich zu so manchem Covergirl die gefühlvolleren Wesen.

Im Museum von Antwerpen hockt eine Venus in gewittrig-dunkler Landschaft. Sie mag eine Göttin sein, doch sie ist keineswegs unangreifbar. Ihr ist einfach verdammt kalt und sie verbirgt es nicht. Alles an ihr zieht sich zusammen; Rücken, Po und die Bauchwölbung schimmern schon rötlich im eisigen Wind. Wie sie im Rückenakt ihre Gliedmaßen einzieht, das erinnert an eine schutzbedürftige Katze, nur dass jene ein Fell hätte.

Die nackte Haut ist Lichtfang in diesem Bild, sie zeigt den Menschen in seiner ganzen Verletzlichkeit. Während Venus die Situation hinnimmt, krümmt sich ihr unbekleidetes Söhnchen Amor mit verärgertem Knautschgesicht unter dem viel zu dünnen Schleiertuch der Mutter. Sie soll

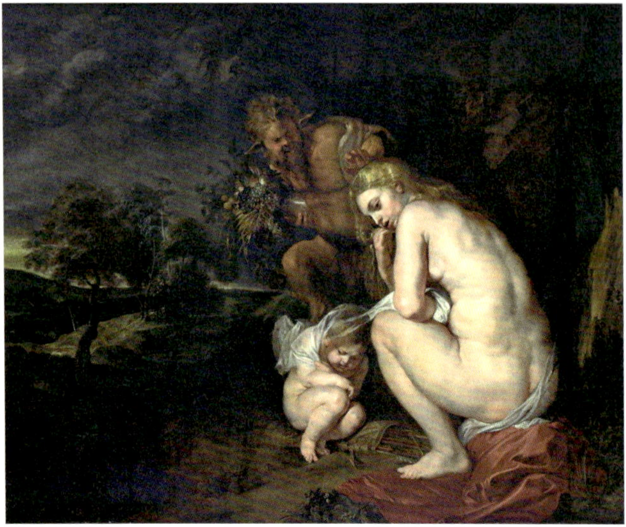

»Venus frigida« malte Peter Paul Rubens im Jahr 1614. Links wurde das Gemälde später ergänzt. Es hängt heute im Königlichen Museum der Schönen Künste in Antwerpen.

ihn behüten und kann es nicht. Leidend kauert er auf seinem Köcher, der ihm nur noch als Kissen dient.

Mutter und Sohn sind dabei nicht so leichtgläubig, um dem lüsternen Satyr zu verfallen, der sich aus dem Dunkel mit Trauben und Getreide nähert. »Ohne Ceres und Liber friert Venus«, sagten die Römer (»Sine Cerere et Libero friget Venus«). Die Gaben von Ceres, Göttin der Fruchtbarkeit, des Ackers und der Ehe, und von Liber, Gott der Befruchtung und des Weins, sollen die Göttin der Liebe wärmen. Diese aber ist bei Rubens nicht bestechlich. Der Satyr ist schon kurz davor, ungebeten ihren Kopf zu streicheln; sie jedoch ignoriert ihn einfach, weil er keine Versuchung ist, sondern ein Ärgernis.

Sie ist nackt, sie ist verwundbar und in misslicher Lage, aber sich preisgeben wird sie deshalb noch lange nicht. Wenn es kalt wird in den deutschen Städten, sollte man vielleicht Rubens' »Venus frigida« an den Bushaltestellen plakatieren. Die Göttin ist um einiges menschlicher und nahbarer als die vielen mit Photoshop bearbeiteten Unterwäschemodelle, denen nicht einmal Münchner Schnee- und Hamburger Eisregen etwas anzuhaben vermögen.

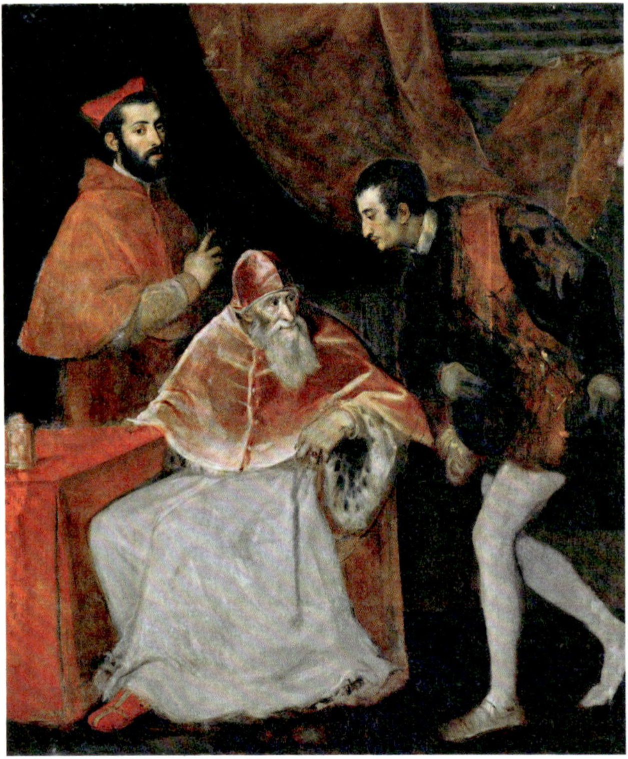

Tizians Papst Paul III. mit zwei Enkeln entstand 1545/1546 und ist im Museo Capodimonte in Neapel zu sehen.

TIZIANS EIGENMÄCHTIGE GÜNSTLINGE QUÄLEN EINEN PAPST

Die Vorstellung, Macht mache unangreifbar, hegt oft nur, wer sie noch nicht hat. Ist man einmal ganz oben angekommen, ist der eigene Wille noch lange nicht Gesetz. Andere Leute haben andere Interessen, und manch ein oberster Boss kümmert sich nun mehr um seinen Machterhalt als um sein Amt. Angela Merkel mag als deutsche Kanzlerin für eine Zeit die einflussreichste Frau der Welt sein – nichtsdestotrotz verfolgen Minister, Koalitionspartner, Verbündete und Gegenspieler sowieso ihre eigene Agenda.

Selten ist der Typus des hilflosen Machers in der alten Porträtmalerei zu sehen, zu deren Aufgaben die Imagepflege gehörte. Eine Ausnahme ist Tizians Porträt von Papst Paul III. mit seinen beiden Enkeln. Scharlachrot glimmert die Macht im ganzen Raum, sie ist kein Privileg des in Mozetta und Camauro gehüllten Papstes. Wachen Auges, aber mit gekrümmtem Nacken erfasst er die Situation. Rechts nähert sich mit Bückling sein Enkel Ottaviano, setzt zum Fußkuss an – und will doch nur das Herzogtum Parma zugesprochen bekommen, nachdem sein Opa ihn mit einer Tochter des spanisch-deutschen Kaisers verheiratet hat. Links hinter Paul erhebt sich sein Enkel Alessandro, ein Kardinal, der einmal Papst werden möchte und vorher auch nach dem Herzogtum giert. Viel zu nah rückt der junge Mann dem Heiligen Vater auf die samtene Pelle, während er den Betrachter wissend anschaut. Tatsächlich möchte Paul aus taktischen Gründen Parma lieber einem dritten Enkel zusprechen, dem künftigen Gatten einer französischen Prinzessin.

Paul III. hat selbst eine Karriere lang auf den Nepotismus, die familiäre Klüngelei, gesetzt. Nun aber, als alter Mann, hat er sich verfangen in diesem System. Martin Luther nennt ihn eine »epikureische Sau«, die Protestanten sind auf den Barrikaden, die europäischen Könige kooperieren nicht mehr – und Pauls' Heirats- und Besetzungspolitik mit Günstlingen kann die Konflikte des Kontinents auch nicht mehr kitten.

Der Katholik Tizian malte das systemkritische Porträt 1545 auf seiner Romreise – die er angetreten hatte, um selbst vom Nepotismus zu profitieren, nämlich in der vergeblichen Hoffnung, sein Sohn erhalte kirchliche Pfründe. Das aber hinderte den Maler nicht daran, klarsichtig und distanziert das Dilemma der Macht zu erkennen und zu benennen.

AMBROGIO LORENZETTI NÄHRT DIE SEHNSUCHT NACH STILLENDEN MÜTTERN

Für hitzige Diskussionen sorgt immer wieder das Stillen: Bis wann soll ein Baby die Brust bekommen? Wie wichtig ist Mamas Milch für seine Entwicklung? Und darf eine Mutter im öffentlichen Raum, etwa in Cafés, stillen?

Es scheint, als ginge es dabei auf beiden Seiten um große Gefühle. Tiefe Sehnsüchte, starke Ängste. Wenn aber etwas die Menschen mit so viel Wucht rührt oder ärgert, hat es meistens eine lange Geschichte.

Vom 13. Jahrhundert an wurde in Italien das Motiv der stillenden Madonna populär. Oft erscheint sie im Halbformat. Das bietet einen begrenzten Blick auf eine Person, hat aber den Vorteil, dass die Figur dem Betrachter sehr nah rückt. Die rasante Verbreitung der Bilder ist nicht allein damit zu erklären, dass stolze Städte wie Venedig und Siena Maria als Hüterin ihrer Gemeinwesen verehrten. Die entblößte Brust wirkt intimer, als es politische Gestik vermag; sie verbindet die Hoffnung auf jenseitiges Heil mit höchst diesseitigen Wünschen.

Damals vertrauten Adelige ihre Säuglinge Ammen an, zumeist Bäuerinnen. Die Verträge handelten die beiden Ehemänner aus. Die Kinder waren weg und die Eltern beteten – wie auch viele Nonnen und Mönche – vor Gemälden

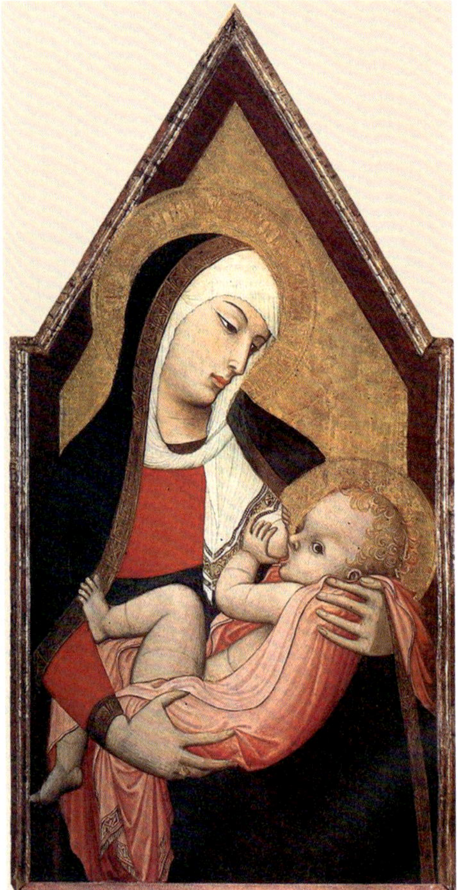

Ambrogio Lorenzettis Madonna aus dem 14. Jahrhundert ist in Siena zu sehen im Palazzo Arcivescovile.

glücklich stillender Madonnen. Die Sehnsucht nach ungestörter Elternliebe, nach dem vermeintlichen Einssein von Kind und Mutter wanderte ab in Kunst und Religion.

Der Maler Ambrogio Lorenzetti wirkte in der ersten Hälfte des 14. Jahrhunderts in Siena. Seine stillende Madonna steht noch ganz in gotischer Tradition. Sie wohnt in einem spitzgiebeligen Bildfeld und trägt wie ihr Sohn einen Heiligenschein, der mit dem goldenen Hintergrund verschmilzt. Und doch rührt sich hier schon die neue Zeit, in der die Kunst zum Menschen finden wird. Einen Bildrand benutzt die Frau als Lehne. Das verschafft ihrem genüsslich nuckelnden Sohn Raum. Fröhlich strampelt er mit den Beinchen und versucht, die Mutter mit einem Fuß leicht wegzuschubsen. Nicht die Madonna schaut er an, sondern erwidert neugierig die Blicke der Betrachter. Schutz und Nahrung findet der Junge noch an der Brust, und will doch schon ohne die Mutter hinaus in die Welt. Er braucht sie, aber er sucht auch andere Menschen: uns.

Die Bilder der Alten sind kein Plädoyer für oder gegen Kleinkindbetreuung und stillende Mütter. Sie erzählen nur selten vom Leben und Leid realer Kinder. Aber sie drücken starke Wünsche aus. Und künden von einer ins Religiöse verdrängten Mutterverehrung in einer Zeit, die lebendigen Müttern kaum Rechte zugestand.

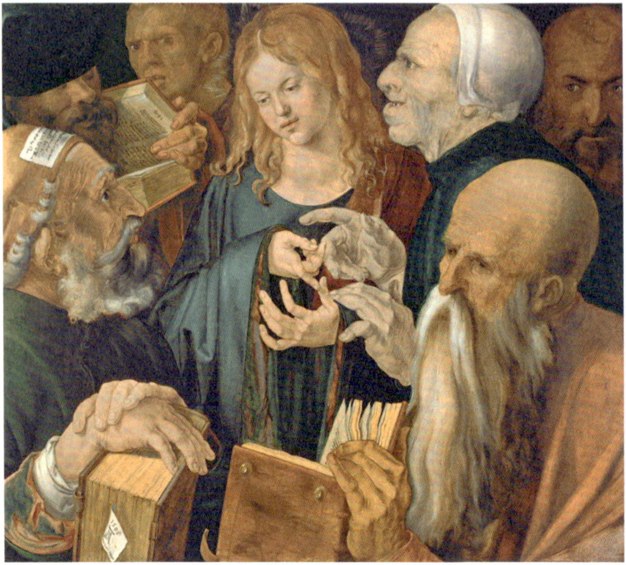

Albrecht Dürers »Jesus unter den Schriftgelehrten« von 1506 ist in Madrid im Museum Thyssen-Bornemisza ausgestellt.

Behauptungen schwirren durch den öffentlichen Raum. Mal heißt es, ein Flüchtling sei vor einer deutschen Behörde gestorben, mal ist die Rede davon, eine Jugendliche sei von Zuwanderern vergewaltigt worden. Schnell werden Gerüchte für wahr gehalten, auch wenn sie keine Grundlage haben. Aus dem Kreislauf der Rechthaberei, des Glaubens ohne zu wissen, helfen nur nachprüfbare Fakten und Argumente. Alles andere ist Stimmungsmache.

Polemiken und lancierte Falschmeldungen gab es immer schon, auch in der Renaissance. Aber es gab auch immer schon Leute, die dagegen auf eine sachliche Diskussion drangen. Um 1500 etablierte sich an den italienischen Höfen und in den Palazzi eine Dialogkultur, ein Spiel aus Rede und Widerrede zu allen Themen von Belang: zur Liebe und zur Religion, zur Politik und zur guten Lebensführung.

Anerkennung fand hier, wer nicht einfach irgendetwas daherredete, sondern seine Ansichten zu begründen wusste. Albrecht Dürer muss diese offene Atmosphäre der Debatte aufgesogen haben, als er im frühen 16. Jahrhundert Venedig besuchte. Er malte dort den erst zwölfjährigen Christus, der mit seiner Klugheit die Schriftgelehrten im Tempel überrascht. Die alten, nicht gerade wohlgeformten Männer bewundern den zarten Gottessohn nicht einfach, sie streiten mit ihm. Halten ihm Buchstellen vor, raunen ihm etwas ins Ohr, schauen misstrauisch. Der blond gelockte Knabe aber lässt sich nicht bedrängen. Er scheint in sich hineinzuhorchen, bleibt bei seinem Anliegen. Dann zählt er an seinen Fingerkuppen die Argumente ab. An seiner sachlichen Logik prallen die aggressiven Fingerzeige eines sich besonders ereifernden Herrn rechts neben ihm einfach ab.

Ein Gelehrter auf der Linken schließlich klappt sein Buch zu und hört dem Jungen aufmerksam zu. Das Argument hat sich durchgesetzt. Jesus erwartet nicht, dass man ihm blind glaubt, er will kein charismatischer Anführer sein, sondern seine Mitmenschen mit Worten überzeugen. Dies gelingt ihm vielleicht deshalb, weil er, der Heranwachsende, keine doppelte Agenda verfolgt. Dürer malt ihn als unschuldigen, aber entschiedenen Knaben, dem es wirklich um die Sache geht. Er ist gewinnend, weil ihm gar nicht in den Sinn kommt, andere Interessen zu verfolgen als jene, die er offen äußert und begründet.

THÉODORE GÉRICAULT FÜHLT MIT SCHIFFBRÜCHIGEN

Es ertrinken Hunderte, Tausende Flüchtlinge im Mittelmeer auf dem Weg nach Norden. Manchmal bricht Panik auf den Booten aus, und Menschen haben nicht nur die hohe See, sondern auch einige Mitreisende zu fürchten. Anzukommen oder nicht ist ein Glücksspiel mit unsicherem Ausgang. Europa ist beunruhigt und scheint sich doch an die vielen Toten im Mittelmeer zu gewöhnen.

Schon einmal beschäftigte eine menschliche Katastrophe auf hoher See die Europäer, als das französische Kriegsschiff *Medusa* im Jahr 1816 auf Grund lief. Das Schiff war auf dem Weg nach Afrika. Weil der Platz auf den Rettungsbooten nicht reichte, baute die Besatzung aus den Masten ein Floß für 149 Menschen. Dann aber kappte jemand die Seile und die Ausgesetzten gingen elendig zugrunde. Nur fünfzehn überlebten, sie aßen die Leichen der anderen.

Vielleicht wäre dieser Skandal nach einer kurzen Aufregung in Paris vergessen worden. Doch dann nahm sich ein junger Maler der Sache an: Théodore Géricault. Der Sohn aus gutem Hause lechzte nach Intensität, nach Ausnahmesituationen – wenn schon nicht im Leben, dann in der Kunst. »Gewalttätig« nannte die Kritik seine realistische, wuchtige Malerei, die nichts mit den klassizistischen

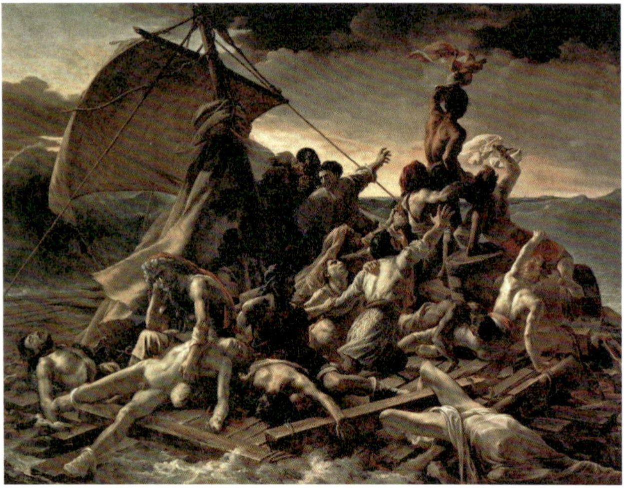

Théodore Géricault malte das »Floß der Medusa« im Jahr 1819, heute hängt es im Louvre in Paris.

Idealen von harmonischer Schönheit zu tun haben wollte. Das »Floß der Medusa« wurde sein Hauptwerk. Der Maler studierte Leichen, sprach mit Ärzten, fertigte immer neue Skizzen an. Schließlich füllte er eine rund 35 Quadratmeter große Bildfläche mit Verzweifelten und Toten auf dem wogenumspülten Floß. Die Menschenleiber türmen sich zu einer Pyramide. Die Not gipfelt in einem Schimmer Hoffnung: Ganz oben winkt ein Mann um Hilfe, gestützt von Mitreisenden. Unten aber liegen die Leichen (und demonstrieren in ihren immer noch ansehnlichen Körperhaltungen, wie gut Géricault sich in Antike und Renaissance auskannte).

Trauer und Wut sind auf dem Gemälde zu sehen, Resignation und hektischer Aktionismus. Den Kannibalismus zeigt der Maler nicht, obwohl er dies erst vorhatte. Offenbar wollte er die Passagiere nicht der Abscheu des Publikums aussetzen, sondern im Gegenteil der Pariser Gesellschaft vorwerfen, die Augen zu verschließen vor den Folgen ihrer Politik. Tatsächlich gelang es ihm, eine Diskussion in Gang zu setzen: Das schonungslose Bild schockierte das Publikum in Paris nachhaltig. Heute ist das Werk Teil des französischen Selbstbildes wie die »Mona Lisa« oder der Eiffelturm. Auf Dauer lassen sich menschliche Katastrophen nicht verdrängen. Irgendwann wandern sie in die Identität auch derjenigen ein, die sie zuließen.

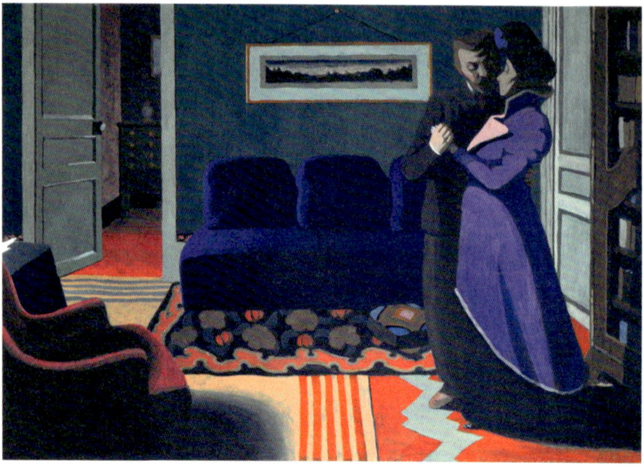

Félix Vallottons »Der Besuch« aus dem Jahr 1899 ist im Kunsthaus Zürich zu sehen.

FÉLIX VALLOTTON FÜHRT VOR, WOZU WOHNZIMMER GUT SIND

Studien sagen voraus: In den kommenden dreißig Jahren werden noch mehr Menschen in die deutschen Metropolen ziehen, während auf dem Land Häuser leer stehen. Bewohner in München, Hamburg oder Frankfurt werden zusammenrücken und Räume mehrfach nutzen müssen. Das Wohnzimmer, in dem nicht auch gearbeitet, gegessen, gekocht oder geschlafen wird, könnte für den großstädtischen Mittelstand bald Geschichte sein.

Im ausgehenden 19. Jahrhundert war der Wohnraum ein Versprechen bürgerlichen Glücks wie Unglücks. Maler schwelgten in Innenansichten, entdeckten den heimischen Salon erst als Rückzugsort vor den Zumutungen der Welt, dann als Hort des Unheimlichen, wie der Kunsthistoriker Felix Krämer dargelegt hat. Hausfrauen vereinsamen auf diesen Gemälden oder gehen riskante Affären ein. Damit ihr turbulentes Innenleben sich in voller malerischer Dramatik entfalten kann, braucht es einen Raum, der sich durchschreiten lässt, in dem man sich nicht schon beim Eintreten den Kopf an zu eng stehenden Möbeln stößt.

Félix Vallotton zeigte im Jahr 1899, wie ein Herr eine Dame im Wohnzimmer empfängt. Gerade angekommen, trägt sie noch Hut und Mantel. Ihr Gesicht ist maskenhaft;

sie steht nicht für eine bestimmte Person, sondern für ein bestimmtes Verhalten. Der Herr umgreift ihre Hand und Taille, als wolle er sie tanzend in den Schlafraum führen, dessen Tür hinten schon offen steht. Doch so einfach ist das nicht. Die Verehrte wehrt sich zwar nicht – aber das Wohnzimmer tut es. Grimmig wirft der Sessel Schatten, aufgeregt bildet der Teppich in heller Zickzacklinie eine Art Wassergraben vor den Füßen des Paares. Und eine Bergkette auf dem Bild über dem Sofa fügt sich zu einer dunklen Erregungskurve, die in dickem, hellem Rahmen gebannt werden muss.

Das Wohnzimmer fordert bei Vallotton seinen Tribut. Es will genossen und beflirtet werden, verlangt gepflegte Konversation, ein langsames Näherrücken auf blauen Sofakissen. Vorher empfiehlt es den Griff in das Bücherregal, etwa zur gemeinsamen Lektüre von Liebeslyrik.

Wohnsalons haben etwas provokant Nutzloses. Sie dienen nicht den primären menschlichen Bedürfnissen, sondern dem Träumen, Nachdenken, Parlieren. Sie sind Zwischenräume, geschaffen für sich selbst und die kontemplative Distanznahme zur Welt. Vielleicht kann man die Wohnzimmer aufgeben, nicht aber ihre Funktionen. Irgendwo in der Stadt muss es dann neue Mußeräume geben.

CASPAR DAVID FRIEDRICH WARNT VOR ZUKUNFTSÄNGSTEN

Nach der Wiedervereinigung gab es diesen kurzen Moment, in dem es schien, als seien mit dem Kalten Krieg auch die Zukunftsängste überwunden: die Furcht vor einem Dritten Weltkrieg, vor dem Waldsterben, vor vielem. Doch längst sind die Ängste auch im Westen wieder da. Sie gelten, je nach politischer Prägung, der Einwanderung, dem Klimawandel, dem Islamismus, den Renten. Die eine Furcht mag berechtigter sein als die andere, doch: Lähmen tun sie alle.

Caspar David Friedrich verdichtete um 1818 den Gegensatz von Angststarre und gelassenem Blick in die Zukunft in seinen »Kreidefelsen auf Rügen«. Den Maler inspirierte die Stubbenkammer im Nordosten der Insel, einer seiner Lieblingsorte, den er gerade auf seiner Hochzeitsreise wieder besucht hatte. Hier wirkt der Kontrast von den über hundert Meter hohen Steinschichten und der offenen See besonders dramatisch.

Ein Bürger nähert sich auf dem Bild kriechend dem Abgrund, seinen Zylinder hat er sicherheitshalber abgelegt. Neben ihm weist eine Frau nach unten. Beide bleiben gefangen in der Vorstellung, was alles Schlimmes geschehen könnte. Und verpassen so den wundervollen Meerblick, der sich nur dem aufrecht stehenden jungen Mann rechts bie-

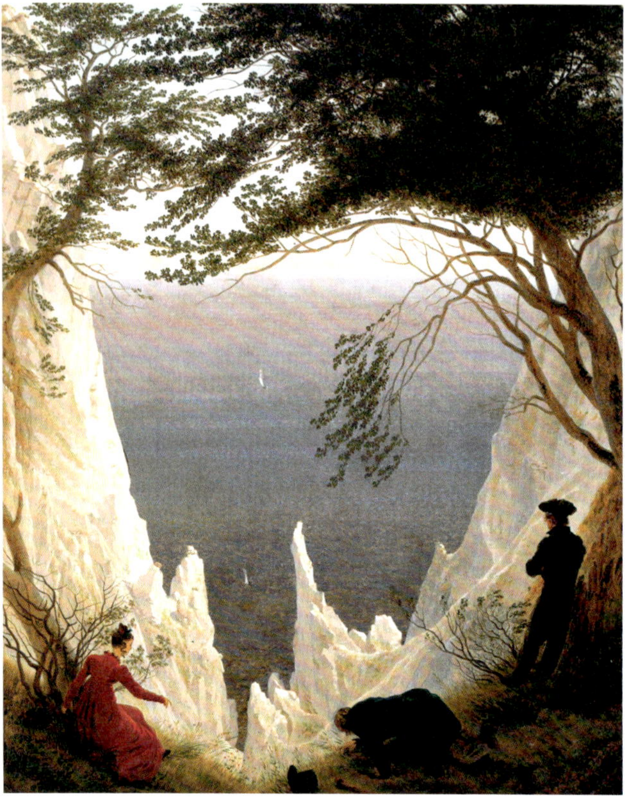

Caspar David Friedrichs »Kreidefelsen auf Rügen« (um 1818) hängt im Museum Oskar Reinhart im schweizerischen Winterthur.

tet. Er lehnt an einen Baum, stützt die Füße auf einige über das Nichts hinauswachsende Äste und nimmt den Horizont in Augenschein mit allem, was da kommt. Als Einziger ist er fähig zur Kontemplation und so in der Lage, Gottes Schönheit zu erfassen.

Seine Mütze weist ihn als Nationalliberalen aus, doch das Gemälde erschöpft sich nicht in der simplen politischen Symbolik: Die Fortschrittlichen schauen weiter als die Altbürgerlichen. Es ist, wie der Kunsthistoriker Johannes Grave festgestellt hat, das Sehen selbst, das der Maler hier feiert. Auf seinem Bild rahmt Caspar David Friedrich, wie es vor Ort nicht der Fall ist, beide Seiten des Meerblicks mit hellen weißen Felsen ein, er gleicht also den Moment in der Natur einem gerahmten Gemälde an. Die Gabe der Wahrnehmung zeichnet den jungen Mann aus, seine Genussfähigkeit.

Gerne wären wir wie er, auch das kalkuliert Friedrich ein. Doch wie meistens in seiner Malerei geht unser Wunsch nicht auf: Die Rückenfigur steht weiter vorne am Rand als der Betrachter, sie sieht einfach mehr als er, der sich in sicherem Abstand zum Abgrund befindet. Das mag unser Glück sein: Ein Freund, dem der Maler einmal auf Rügen die Stelle zeigte, stürzte fast ab und musste gerettet werden.

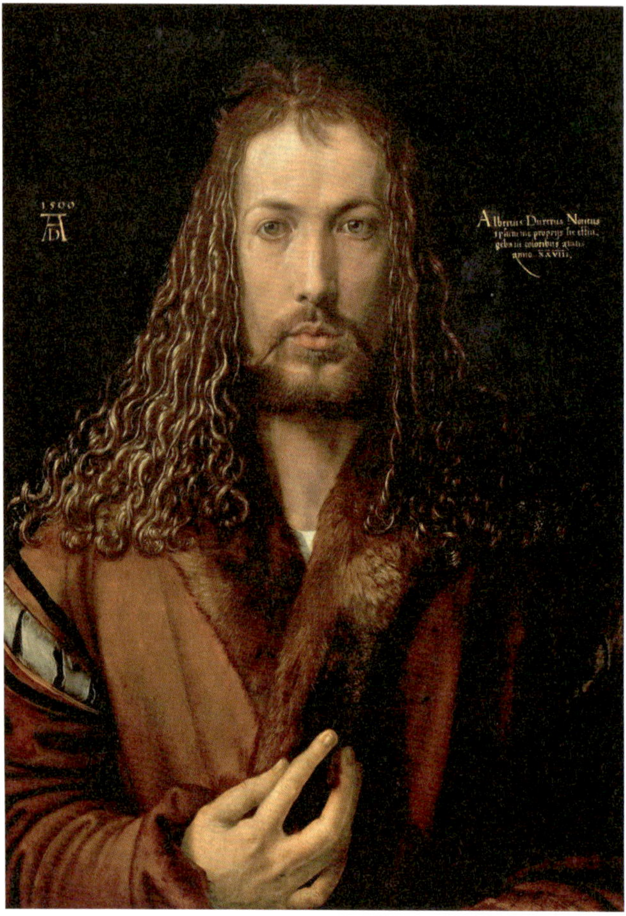

Albrecht Dürer datiert sein »Selbstbildnis im Pelzrock« auf 1500, es ist womöglich aber erst 1509 entstanden. Heute hängt es in der Alten Pinakothek in München.

ALBRECHT DÜRER VERSTEHT SICH AUF GELUNGENE SELBSTINSZENIERUNG

Der Mensch möge sich zeigen, seine Stärken zur Marke machen, als genialer Selbsterfinder für sich selbst werben in Wort und Bild – diesem spätkapitalistischen Credo kann sich heute kaum noch jemand entziehen. Wenn nicht gar erfunden, so doch aufs Beste entfaltet haben die Renaissancemaler das Prinzip der visuellen Selbstdarstellung. Wenige Jahre zuvor galt ihr Berufsstand noch als niederes Handwerk, nun aber waren die Maler als Künstlerpersönlichkeiten gefragt. Also stellten sie einen Spiegel neben die Staffelei und entwarfen ihr Konterfei.

Albrecht Dürer skizzierte die eigenen Züge schon als pausbäckiger Dreizehnjähriger. Später sah er sich mal als etwas entrückten Liebenden, mal als eleganten Patrizier. Schließlich ging der Künstler aufs Ganze. Drehte sich die langen Haare auf Lockenwickler, kämmte ein paar Ponyfransen in die Stirn. Zwirbelte die Spitzen des Schnäuzers, feilte die Fingernägel. Warf sich in einen teuren Pelzmantel, wie es einem Handwerker nicht anstand. Und malte sich in atemberaubender Frontalansicht.

So zeigt sich Jesus Christus, nur dass der kein Dandy war. Tatsächlich könnte Dürers feingliedrige Rechte gleich zum Segen anheben; sie ragt aus dem Bild heraus, springt den Betrachter an und verlebendigt so die starre Pose. Noch aber streicheln die langen Finger sachte den Kragen aus Marderpelz, zupfen die delikaten Härchen, die Dürer einzeln strichelte. Es scheint, als würde der Mann mit seiner Malerhand die Spitze eines Pinsels prüfen, bevor er ihn in Farbe taucht (tatsächlich waren auch die Pinsel aus Marderhaar). Ein raffinierter Künstler vermag indirekt auch den Tastsinn seines Publikums anzuregen – mit so einem warmen, weichen Stück Pelz etwa. Dann noch dieser klare, durchdringende Blick: Dieser Mann meint es ernst mit sich und der Welt. In welch großem Rahmen er denkt, zeigt auch die Datierung: Im magischen Jahr 1500 will er das Bild gemalt haben, tatsächlich aber entstand es wohl erst neun Jahre später, als der Enddreißiger in den Großen Rat seiner Heimatstadt Nürnberg berufen wurde und nun auch einen so schönen Pelzmantel tragen durfte.

Trotz dieser Gabe zur Selbstüberhöhung: An den vielen schnellen Selbstbildern unserer Zeit ist Dürer nur bedingt schuld. Ihm ging es nicht allein um den Auftritt, sondern seine One-Man-Show war ein ästhetisches Programm, das er in den kommenden Jahren auch einlöste.

GUSTAV KLIMT KENNT DAS RICHTIGE VERHÄLTNIS VON EXZESS UND KONTROLLE

Der Exzess ist oftmals eine Frage der Kontrolle. Beim Münchner Oktoberfest darf man trinken, singen, grölen, schunkeln und auf den Bänken tanzen. Das alles aber hat seine genaue Ordnung. Quer durchs Zelt rennen geht nicht, die Gruppen werden an die Tische gelenkt, an denen sie sich verausgaben sollen. Die Orgie ist eine Sache der Organisation; der grenzenlose Rausch bleibt eine Fantasie.

Das bemerkte im Laufe seines Lebens auch der 1862 geborene Gustav Klimt. Als junger Maler brachte er die österreichische Gesellschaft gegen sich auf mit dem gemalten Triebleben, das der Zeitgenosse Sigmund Freuds an die Wände der Wiener Institutionen warf. Exzessiv sollte die Kunst sein, abgründig, schamlos und schmerzhaft, was man mit dem Kulturwissenschaftler Carl E. Schorske als Teil eines lustvollen Vatermords einer ganzen Generation begreifen kann.

Später avancierte Klimt zum Maler des aufgeschlossenen, zumeist jüdischen Wiener Bürgertums und suchte nun in den Gesichtern reicher Frauen nach den Spuren unterdrückten Begehrens. Die etwas distanziert blickende Adele Bloch-Bauer scheint ihre Leidenschaften auf den ersten Blick zu beherrschen. Wenn auch mit Mühe. Auf

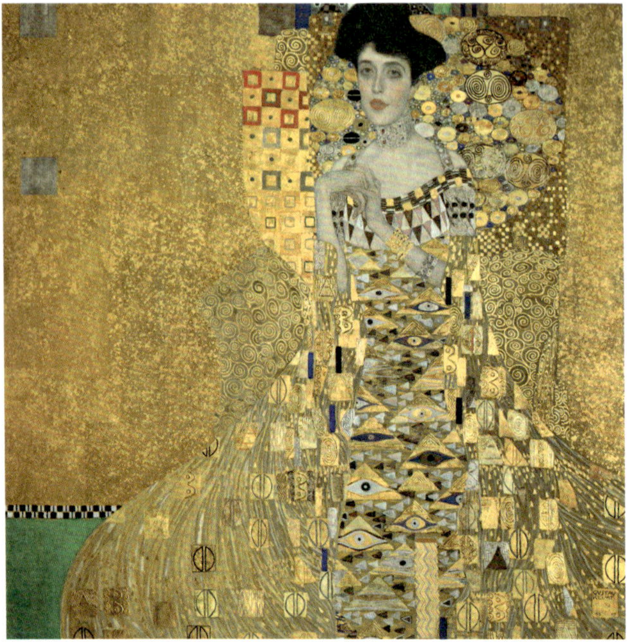

Gustav Klimts »Adele Bloch-Bauer I« von 1907 gehört nach einer Restitution an die Erben von den Nazis drangsalierter jüdischer Sammler heute der Neuen Galerie in New York.

Klimts Porträt verknotet die Tochter eines Bankdirektors die Hände vor der Brust, als fürchte sie, ihr Herz könne doch noch ausbrechen aus dem goldenen Käfig ihrer wohlsortierten Verhältnisse. Doch ihr Kleid ist ausufernder als jedes Dirndl, es quillt über vor Zacken, Dreiecken, lippenförmiger Erregung. In einem Goldrausch erobert dieses Gewand den Raum; seine runden Wallungen übertrumpfen den Drang der hochgewachsenen Adele, sich der Konvention gemäß zu zügeln.

Adele Bloch-Bauer meidet den Exzess, weil sie sich in ihm verlieren würde, bändigt ihre Kraft, weil sie ahnt, wie stark schon ihre Hände sind – stark genug jedenfalls, die ornamentalen Wogen eines aufgewühlten Innenlebens gerade noch zu bändigen. Das suggeriert Gustav Klimt, und es schwingt ein bisschen Melancholie mit in seinem Bildnis von 1907. Dabei profitiert er, der Künstler, am meisten von der Dialektik von Exzess und Kontrolle, denn in der Malerei ist im Zweifel beides möglich.

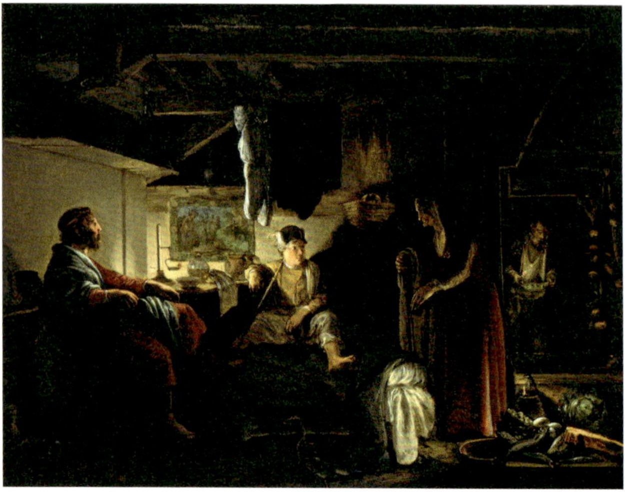

Adam Elsheimers »Jupiter und Merkur im Haus von Philemon und Baucis« (1608/1609) ist in Dresden in der Gemäldegalerie zu sehen.

ADAM ELSHEIMER LOBT DIE GASTFREUNDSCHAFT GEGENÜBER FREMDEN

Auch das 17. Jahrhundert war in Europa ein Jahrhundert der Migranten. Katholiken und Protestanten bekämpften einander, die Spanier rekatholisierten Flandern. Etliche flämische Künstler mussten deshalb fliehen, nicht wenige fanden Asyl in Frankenthal bei Frankfurt. Und so blühte unverhoffterweise in der deutschen Provinz die Landschaftsmalerei auf.

In dieses Kulturengemisch wurde 1578 Adam Elsheimer hineingeboren, der vielleicht bedeutendste deutsche Maler des Barock. Er war umtriebig, bereiste nach seiner Lehre Venedig und Rom, heiratete dort eine Frankfurterin mit schottischem Migrationshintergrund und starb mit nur zweiunddreißig Jahren; eine Nachricht, die Peter Paul Rubens das Herz zerriss, wie er bekundete. So viel hatte er sich noch erwartet von dem jungen Kollegen, der einen Sinn für Stimmungen und Details hatte wie kaum ein anderer Maler.

Elsheimer verstand sich auf die Nöte bedürftiger Reisender und die Hilfsbereitschaft Ansässiger. Einmal malte er die griechischen Götter Jupiter und Merkur, die inkognito an Hunderte Türen geklopft hatten und abgewiesen wurden – bis die armen alten Eheleute Philemon und Baucis die Fremden in ihre einfache Hütte luden. Der Mann bereitet bei Elsheimer das Essen, seine Frau bringt den Gästen Decken; sie sollen es gut haben. Eine Gans wackelt durch die Stube und weiß noch nicht, dass sie gleich als Gastmahl enden wird. Eine Lampe erleuchtet die einfache Holzkonstruktion des Daches und das einzige Gemälde an der Wand; es zeigt ausgerechnet Jupiters Liebesabenteuer. Johann Wolfgang Goethe meinte, so werde der Gott von Adam Elsheimer verspottet. Tatsächlich aber ehren die Alten ihn, ohne es zu wissen, und der sich behaglich zurücklehnende Jupiter genießt die Aufmerksamkeit sichtlich.

Elsheimer schildert die Details liebevoll, den Wandkorb, die Knoblauchzehen, den ausliegenden Fisch. Offenbar will er nicht eine alte Sage nacherzählen, sondern den Wert der Gastfreundschaft rühmen, die Vorschussvertrauen braucht. Reisenden, gar Flüchtlingen vorurteilsfrei zu begegnen erfordert Mut, manchmal auch Frustrationstoleranz. Gut möglich, dass die Gastgeber dafür einmal mit bereichernden neuen kulturellen Impulsen belohnt werden.

CLARA PEETERS MAG HALTBARE LEBENSMITTEL

Hamsterkäufe! Das empfiehlt das Zivilschutzkonzept in seiner überarbeiteten Fassung der deutschen Bundesregierung, und das Bundesamt für Bevölkerungsschutz präzisiert, 28 Liter Wasser pro Person seien für den Katastrophenfall bereitzuhalten, auch 4,9 Kilo Getreideprodukte und Kartoffeln, 5,6 Kilo Hülsenfrüchte und Gemüse sowie reichlich Trockenobst und Hartkekse. Das dürfte zumindest in Großstädten angesichts der Quadratmeterpreise von Mietwohnungen zu Lagerproblemen führen. Und, welche Lebensmittel sind überhaupt sinnvoll im Vorratsschrank, wenn auch das Wasser zum Kochen fehlen könnte und das Amt rät: »Alle Lebensmittel sollten ohne Kühlung längerfristig haltbar sein.«

Die Haltbarkeit von Lebensmitteln ist in der Barockkunst ein beliebtes Thema, schließlich lässt sich an frischen Trauben und gerade erst erlegten Rehen einiges verhandeln: Auf einem Stillleben über dem Esstisch erzählen sie vom Wohlstand und vom Genießertum des Hausbesitzers; zugleich aber erinnern sie immer auch daran, dass die echten Äpfel, Austern und aufgeschnittenen Orangen im Gegensatz zu den gemalten nur wenige Tage halten. Gerade in ihrer Pracht lassen viele Lebensmittel Fäulnis und Tod

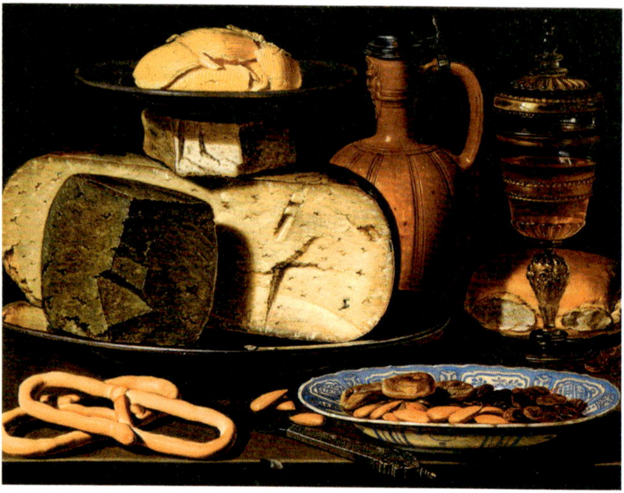

Clara Peeters komponierte das Käse-Stillleben um 1615, es ist im Mauritshuis in Den Haag ausgestellt.

erahnen. Manchmal findet sich auf den Bildern des Barock sogar ein menschlicher Schädel zwischen Blumen, Besteck und Nahrungsmitteln.

Clara Peeters war eine flämische Stillleben-Malerin im frühen 17. Jahrhundert. Als eine von wenigen Frauen im Kollegenkreis musste sie sich auf ein Nischenthema spezialisieren, um auf dem Kunstmarkt etwas zu werden. Sie wählte den Käse. In Peeters' Wohnorten Antwerpen, Amsterdam und Den Haag galt Käse als identitätsstiftend. Und er war teuer, jedenfalls in größeren Mengen. Um 1615 malte sie für eine Kundschaft, die es sich leisten konnte, sehr präzise gleich drei Sorten Hartkäse, etwas Butter, ein Brötchen, zwei Brezeln und eine kostbare chinesische Schale voller Mandeln, getrockneten Feigen und Rosinen. Sie selbst zeigt sich in der Signatur auf dem Messer und in einem kleinen Selbstporträt, in einer Spiegelung oben auf dem Krug.

Es ist eine Illusion von Beständigkeit, die sich auf dem Frühstückstisch auftut. Nicht alles, aber einiges, was hier steht, wird den Tag überdauern. Schimmel, Hunger, Tod? Finden anderswo statt. Erst einmal langen alle zu und genießen, was sie haben. Und Clara Peeters sorgt nebenbei klugerweise dafür, dass ihr Name vierhundert Jahre überdauert.

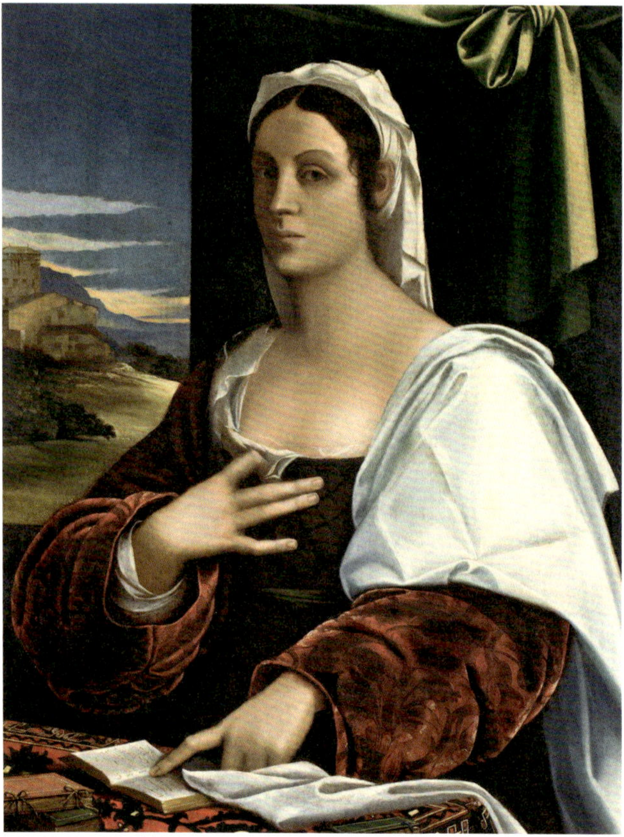

Sebastiano del Piombo malte diese gebildete Frau wohl in den 1520er-Jahren, das Werk hängt im Museu Nacional d'Art de Catalunya in Barcelona.

SEBASTIANO DEL PIOMBO AHNT, WIE WICHTIG EXPERTINNEN SIND

Nur etwas mehr als ein Fünftel aller im deutschen Fernsehen interviewten Experten ist weiblich. Das ergab eine Studie der Kommunikationswissenschaftlerin Elizabeth Prommer von der Universität Rostock. Und als die BBC die Gehälter ihrer Top-Moderatoren veröffentlichte, stellte sich heraus: Die bestbezahlte Frau verdient gerade ein Fünftel der Gage des höchstbezahlten männlichen Stars.

Gut sichtbare Autorität, die eine Stimme und viel Geld verdient, scheint in der westlichen Kultur überwiegend männlich zu sein – oder? Dieses Klischee wird immer wieder von Neuem Fakt, weil dann doch viele daran festhalten, bewusst oder unbewusst. Das aber heißt, alles zu übersehen, was den eigenen Vorannahmen widerspricht.

Schon in der italienischen Hochrenaissance, lange vor der Frauenemanzipation, gab es Expertinnen von beachtlichem gesellschaftlichem Einfluss. Und, nein, sie waren nicht auf Kindererziehung, Schminktipps oder Kochen spezialisiert, sondern auf Theologie, Literatur und Politik. *Donne da lettere* nannte man die zumeist adeligen Damen, Frauen des Wortes. Mit ihren Gedichten, ihrem untadeligen Ruf und ihrem Einfluss auf die geistige und weltliche männliche Elite trieben sie zu Zeiten Martin Luthers in Italien die innerkatholische Reformbewegung voran, so sehr, dass die eine oder andere dieser frommen Italienerinnen am Ende die Inquisition am Hals hatte.

Das schönste Bildnis einer *donna da lettere* malte der in Rom lebende Venezianer Sebastiano del Piombo. Zu sehen ist wahrscheinlich die gefeierte Dichterin Vittoria Colonna, eine resolute Witwe, die Intellektuelle wie Michelangelo in Glaubensfragen beriet und für eine Religion stritt, die sich auf das Wesentliche besinnt. Sebastianos idealisiertes, etwas schablonenhaft wirkendes Porträt ist vermutlich eines der ersten Bilder, das eine Autorin mit ihren eigenen Gedichten zeigt. Colonnas gut lesbares Sonett in dem offen daliegenden Buch beschreibt, wie eine Seele nach dem rechten Lebensweg sucht und ihn im Kontakt mit Christus findet. Dazu greift die gemalte Dichterin an ihr Herz und schaut uns auffordernd an. Diese Expertin mischt sich ein, in das Leben ihrer Zeitgenossen und auch in das ihrer Leser und Betrachter.

TINTORETTO ERFÜLLT DEN TRAUM VOM FLIEGEN

Können Autos fliegen? Das war bis vor Kurzem eine Kinderfrage, die nur Fiktionen wie das Buch und der Puppenfilm »Robbi, Tobbi und das Fliewatüüt« von 1972 mit einem »Na klar« beantwortet haben. Das ist jetzt anders, gleich mehrere Hersteller sind überzeugt, bald fliegende Autos anzubieten. Dann können nicht mehr nur Dinge abheben, wie dies jetzt schon bei Drohnen der Fall ist. Sondern dann bewegen sich bald auch einzelne Menschen zu Wasser, zu Lande und in der Luft. All die Probleme, die der Verkehr schon jetzt mit sich bringt, verlagern sich dann auch in den Himmel. Oder aber wird die neue Technologie das Leben einfacher, vielleicht sogar besser machen?

Der Wunsch zu fliegen ist auch deshalb so mächtig, weil die Kunstgeschichte ihn schon so oft erfüllt hat. Auf alten Bildern sind es zwar nicht nur, aber doch sehr oft Hoffnungsträger, die von oben herbeieilen. Ein besonders dramatisches Beispiel ist Jacopo Tintorettos »Sklavenwunder« von 1547/48. Es handelt von der in der Lagunenrepublik beliebten Geschichte des Leibeigenen eines provenzalischen Edelmannes. Er stiehlt sich davon, um zum Grab des heiligen Markus zu pilgern. Die Gebeine des Heiligen hatten die Venezianer zuvor gestohlen und in die Markus-

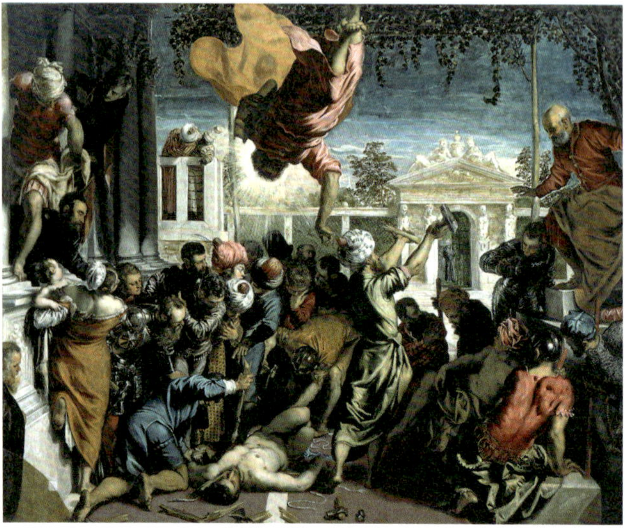

Jacopo Tintorettos »Sklavenwunder« von 1547/48 hängt in den Gallerie dell'Accademia in Venedig.

basilika gebracht. Dort betet der Mann nun und unterstellt sich dem Schutz des Heiligen. Nach seiner Rückkehr will sein Herr ihm die Augen ausstechen lassen als Strafe, doch dies scheitert ebenso wie der Versuch, ihm die Beine und den Mund zu zertrümmern.

Tintoretto zeigt in seiner fulminanten Komposition, woran das liegt: In rasantem Schwung fliegt der heilige Markus herbei und schwebt wie eine bunt bemäntelte Wolke über dem scheinbar unzerstörbaren Leib des Sklaven. Dessen Peiniger sind fassungslos. Hammer, Beil und Holzpflöcke haben aufgrund höherer Gewalt ihren Dienst versagt. Das muss auch der Leibherr einsehen, der vor Erstaunen über die Nachricht fast von seinem Thron rechts außen kippt. Nackt und scheinbar wehrlos liegt der Sklave am Boden, doch sein schlanker Leib wird von dem Licht bestrahlt, das der fliegende Markus aussendet. Die beiden, das Opfer und sein Retter, entsprechen einander, sie bestärken sich gegenseitig. In scheinbar aussichtsloser Lage kommt das Gute von oben. Ob Menschen in fünfzig Jahren diesen Gedanken noch verstehen, wird sich zeigen.

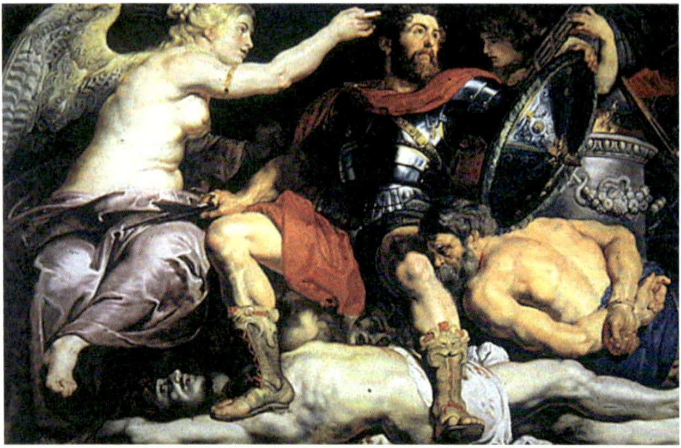

Rubens' »Krönung des Tugendhelden« von 1614 gehört der Museumslandschaft Hessen Kassel und ist dort auf Schloss Wilhelmshöhe zu sehen.

PETER PAUL RUBENS BESIEGT HELDENHAFT HASS UND ZWIETRACHT

Was für ein Kerl. Seine Sandale stützt sich auf einen getöteten Feind, sein Hintern ruht auf einem Besiegten, und seinen glänzenden Schild rammt er in den Nacken eines gefesselten Muskelprotzes, der ihm demütig das Knie zu küssen scheint. Eine schöne, halb nackte Blondine ist zur Stelle und krönt den Helden mit Lorbeer. Und im Hintergrund lodert das Feuer der Ehre. Welch eine altmodische Männerfantasie. Man kann sich vorstellen, welche Herren und mitunter auch Damen Populisten heute bei diesem Anblick glänzende Augen bekämen.

So ging es auch Napoleon, der das von Peter Paul Rubens im Jahr 1614 gemalte Bild aus Kassel rauben ließ, um es an zentraler Stelle im Pariser Musée Napoléon anbringen zu lassen. Es hing in der Rotunde des Louvre über einer Büste Napoleons, davor ließ der Herrscher Antiken, Rüstungen, Raubgut drapieren.

Dumm nur, dass Napoleon sich nicht in Ikonografie und Affektgeschichte auskannte. Das Gemälde zeigt gar nicht das, was Männer wie er für eine Siegerpose halten. Rubens' Triumphator ist ein Tugendheld, er hat die negativen Affekte besiegt. Der Erdolchte unter seinen Füßen versinnbildlicht Furor, den Aufruhr. Die Person mit dem

Schlangenhaar unter seinem Gesäß ist Discordia, die Zwietracht. Der gefesselte Barbar repräsentiert den Sieg der Zivilisation. Der ritterliche Protagonist wird von einer Victoria bekrönt, weil es ihm gelungen ist, Frieden zu stiften, worauf auch das unschädlich gemachte Pfeilbündel der Eintracht verweist, das ihm überreicht wird.

Der Kunsthistoriker Martin Warnke hat dargelegt, wie der Maler auf dem heute wieder in Kassel ausgestellten Bild dazu aufruft, negative Emotionen wie Streitlust, Willkür und Wildheit heldenhaft zu bändigen. Dies ist ganz im Sinne der barocken Affektlehre, die den Aufbau von zentralisierter Staatlichkeit im 17. Jahrhundert begleitete.

Heute sind negative Emotionen wie Wut, Hass, Angst, Neid in den politischen Diskurs zurückgekehrt, Rüpel wie Donald Trump kultivieren sie. Das bringt das Konzept eines verlässlichen Staates ins Wanken, denn der gewährt Frieden und Sicherheit ja gerade im Verzicht auf Willkürakte. Der Staat gefährdet sich selbst, wenn er seinen seit der Rubenszeit erworbenen Anspruch auf eine von persönlichen Affekten unbeeindruckte Rationalität aufgibt. Und gewinnt – nichts. Es ist eine Illusion, vollends und ohne Gegenschläge über andere triumphieren zu können, sie mit einem Fußtritt demütigen zu dürfen. Napoleon hat das bald selbst erfahren.

SIMONE MARTINI ERTRÄGT PUBERTÄRE SELBSTFINDUNG

Wenn Kinder pubertieren, ist das nicht nur für sie selbst eine Herausforderung. Auch viele Eltern kommen nicht mehr mit. Das Mädchen, der Junge scheint in seiner eigenen Welt zu leben, und die Peer Group ist nun allemal wichtiger als das, was Erwachsene meinen und fühlen. Die Sorgen der Eltern wollen sich die Jugendlichen nicht aneignen, und so muss es auch sein, soll die Abgrenzung von Mutter und Vater gelingen. Erwachsenwerden braucht Rücksichtslosigkeit, den unbedingten Willen, eigene Fehler zu machen und sich so selbst zu erfinden.

In der Kunst sind die daraus resultierenden Konflikte nur selten Thema. Im Gegenteil, besonders Maler des 19. Jahrhunderts beschwören gerne lebensfern das Idyll der immer einigen Familie. Dabei wusste es schon im 14. Jahrhundert ein Künstler besser, der noch an Heiligenscheine und Goldgrund glaubte: der Sienese Simone Martini, der in der Papststadt Avignon lebte und arbeitete.

Sein Bild eines trotzigen zwölfjährigen Jesus von 1342 nährt sich aus einer Alltagserfahrung, die sich offensichtlich im Laufe der Jahrhunderte nicht gänzlich gewandelt hat. Der Junge war mit Mutter und Stiefvater nach Jerusalem gepilgert und blieb nach dem Gottesdienst im Tem-

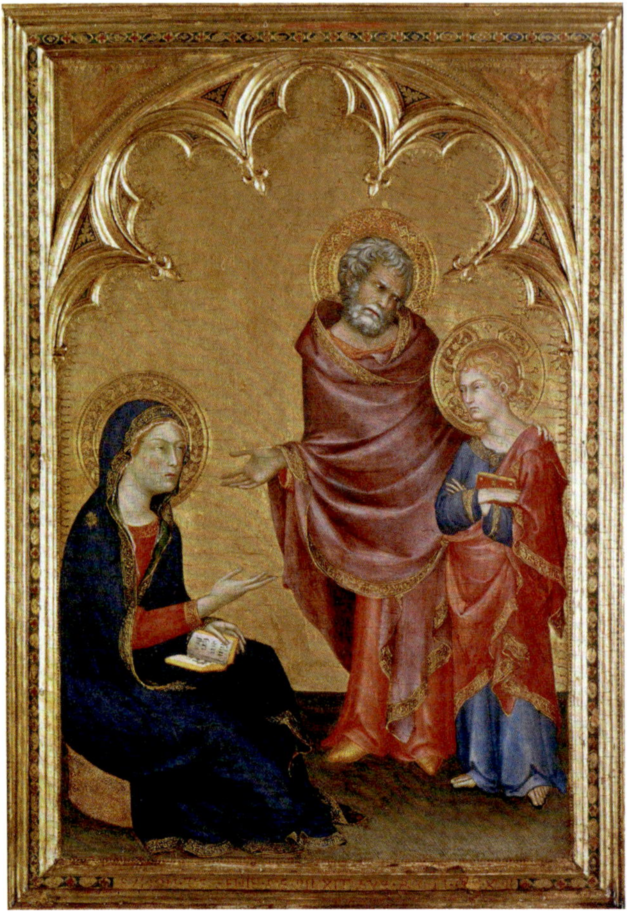

Simone Martinis Bild des zwölfjährigen Jesus
mit Maria und Josef von 1342
hängt in der Walker Art Gallery in Liverpool.

pel zurück, anstatt sich mit den anderen Pilgern auf den Heimweg zu machen. Bei seinen Erziehungsberechtigten abgemeldet hat er sich nicht. Maria und Josef müssen ihn suchen, geraten in Panik und machen dem Jungen Vorwürfe, als sie ihn endlich bei den Schriftgelehrten im Tempel finden.

»Kind, wie konntest du uns das antun?«, klagt Maria, dies steht auf dem Bild im Büchlein auf ihrem Schoß in Latein geschrieben. Josef schließt sich ihr an, packt Jesus mahnend an der Schulter. Den aber rührt das nicht, er verschränkt die Arme, sein Heiligenschein scheint vor Wut aufzuflackern. Was hat der Mann seiner Mutter ihm schon zu sagen? Er war bei seinem richtigen Vater, im Tempel, und dies hat bei Simone Martini nicht nur mit Heilslogik zu tun, sondern mehr noch mit pubertärer Selbstermächtigung.

Ob biologische Eltern, Alleinerziehende oder Patchwork-Familien mit angeheirateten sozialen Vätern, wie es Josef einer war: Jugendlichen Eigensinn muss man aushalten können. Erwachsenwerden und -sein hat auch mit Konfliktfähigkeit zu tun.

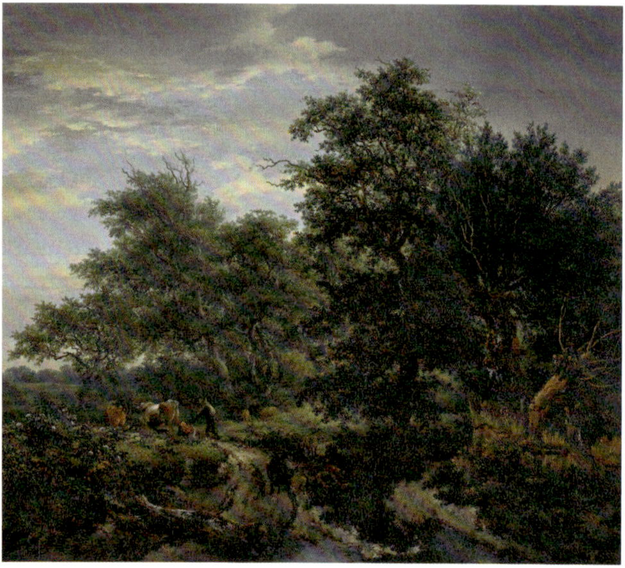

Jacob Isaacksz. van Ruisdaels »Waldlandschaft« von 1653 hängt im Amsterdamer Rijksmuseum.

JACOB ISAACKSZ. VAN RUISDAEL IST NATURVERACHTUNG FREMD

Der amerikanische Präsident Donald Trump hat per Dekret eines seiner Wahlversprechen durchgesetzt: Die Klimaauflagen für Kohlekraftwerke werden aufgehoben, Gasförderer müssen klimaschädliches Methan nicht mehr kontrollieren wie zu Barack Obamas Zeiten, und auf staatlichem Gebiet darf wieder nach Öl und Kohle gegraben werden. Keine wissenschaftlichen Erkenntnisse über die Gefahren des Klimawandels, keine leidvollen Erfahrungen mit dessen Folgen konnten den US-Präsidenten davon abhalten, im Gegenteil, diese leugnet er systematisch.

Frühere Generationen wussten weniger über die Gesetze der Natur als die Menschen heute; eine so grundsätzliche Missachtung der Landschaft aber war ihnen bei allem Dreck, aller Verschwendung und allen Bausünden fremd. Mit der Natur so gut es ging in Einklang zu leben, um von ihr mit reichen Gaben belohnt zu werden, das war lange selbstverständliches Ziel der zivilisatorischen Existenz.

In der Kunst des 17. Jahrhunderts priesen vor allem die Niederländer Wälder und Wiesen, Gewässer und Wolken. Der Philosoph Georg Wilhelm Friedrich Hegel erklärte sich das später so: »Der Holländer hat sich zum großen Teil den Boden, darauf er wohnt und lebt, selbst gemacht und ist ihn fortdauernd gegen das Anstürmen des Meeres zu verteidigen und zu erhalten genötigt.«

Der um 1629 geborene Jacob Isaacksz. van Ruisdael wuchs im prosperierenden Haarlem auf, reiste später bis zum Mittelrhein und erwarb im Jahr 1659 das Bürgerrecht von Amsterdam. Er war ein Stadtjunge, der das Landleben von Ausflügen und Erzählungen kannte. Vielleicht brauchte er diese Distanz, um sein Sujet, die wilde, aber gute Natur, hemmungslos feiern zu können. Seine Vegetationen kennen alle Grün- und Brauntöne, Farben und Formen verschwimmen beinahe ineinander. Doch wer dicht heran tritt an die Ölgemälde, kann jedes Gänseblümchen, jedes Blatt am Baum erkennen. Nah- und Fernsicht bringt Ruisdael mühelos in einem Bild unter, wie in seiner »Waldlandschaft« von 1653. Ein Hirte und seine Herde sind nur noch entfernt von hinten zu erkennen. Die eigentlichen Protagonisten sind die mächtigen Bäume im Vorder- und Mittelgrund. Einer ist umgestürzt und versperrt den Weg, damit muss der Hirte leben. Die Natur hat nicht vor, es den Menschen immer leicht zu machen; man muss sie nehmen, wie sie ist. Und wird belohnt mit einer wohligen grünen Höhle, die wie bei Ruisdael Mensch und Tier nährt.

GIOVANNI BELLINI WEISS, WIE BILDER VON LEICHEN WIRKEN

Im Krieg werden Menschen ermordet. Die Bilder ihrer Leichen dienten etwa dem sogenannten Islamischen Staat (IS) als Drohmittel und Propaganda. Unabhängige Fotografen, Journalisten, Leser und Betrachter stellt das vor die Frage: Wie lässt sich der Tod dagegen würdevoll zeigen und anschauen, geht das überhaupt? Oder multipliziert sich im Bild verstümmelter Toter nur die erlittene Gewalt? Wird der Zuschauer zum Handlanger des Mörders – oder zum Verbündeten des Opfers?

Diese Frage ist der christlichen Ikonografie vertraut, schließlich starb ihr Protagonist eines grauenvollen Todes. Manch ein Kruzifix will erschrecken, kündet von Einsamkeit, Terror, irdischer Qual. Oft aber ist der Gottessohn in Gesellschaft von Maria und Johannes dem Evangelisten zu sehen. Sie bieten dem Publikum einen Zugang zum Geschehen, denn mit ihrem Leid kann jeder mitfühlen und so auch für den Toten Partei ergreifen.

Eine besonders berührende Bildlösung fand Giovanni Bellini um 1470 in Venedig. Er stellte die drei Figuren in einen Sarkophag vor einem Abendhimmel mit fahlem Licht. Maria und Johannes umgreifen den Leib Christi, damit dieser nicht in sich zusammensackt. Die Mutter führt ihr Ge-

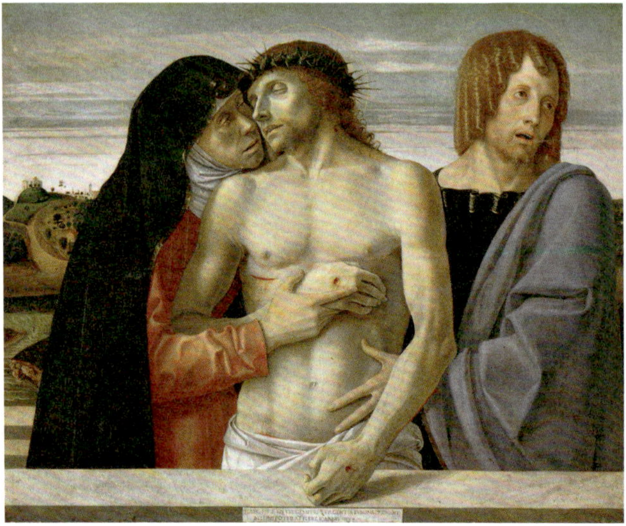

Giovanni Bellinis »Pietà« (entstanden zwischen 1465 und 1470) hängt heute in der Pinakothek Brera in Mailand.

sicht ganz nah an das des Sohnes, beinahe berühren sich die Nasenspitzen. Ihre durchbluteten Finger erfassen seine blasse, verwundete Hand. Sie stützt ihn, liebt ihn, akzeptiert seine Wahl, diesen Tod für die Menschen zu sterben.

Johannes dagegen kann kaum hinschauen mit seinen vom vielen Weinen geröteten Augen. Ein stummer Schrei bleibt ihm im Hals stecken. Mag sich der Betrachter beim Anblick Marias mit ihrer Mutterliebe trösten, so findet er in der Figur des Johannes einen Ausdruck für seine Wut und sein Entsetzen.

Bellini wusste genau, wie eindrücklich sein Gemälde ist. In Abwandlung einer Zeile des lateinischen Dichters Sextus Propertius heißt es in der Inschrift, die auf der Brüstung des Sarkophags klebt: »Jedes Mal, wenn diese geschwollenen Augen (*dem Betrachter, Anm. KV*) Klagen entlocken, vermag das Werk des Giovanni Bellini zu weinen«. So wirk- und eigenmächtig ist dieses Bild, es kann nicht nur rühren, sondern selbst weinen, sagt der Maler.

Als der kleine, mit seiner Familie aus Syrien geflohene Aylan Kurdi ertrunken an der türkischen Küste lag, ging nicht nur sein Leichenbild um die Welt, sondern auch das Foto des Polizisten, der das leblose Kind sachte aufhebt. Mit ihm, seiner Umsicht, seiner Tatkraft mochte der vermeintlich hilfsbereite Westen sich identifizieren. Es braucht die Lebenden, um die Toten zu verstehen.

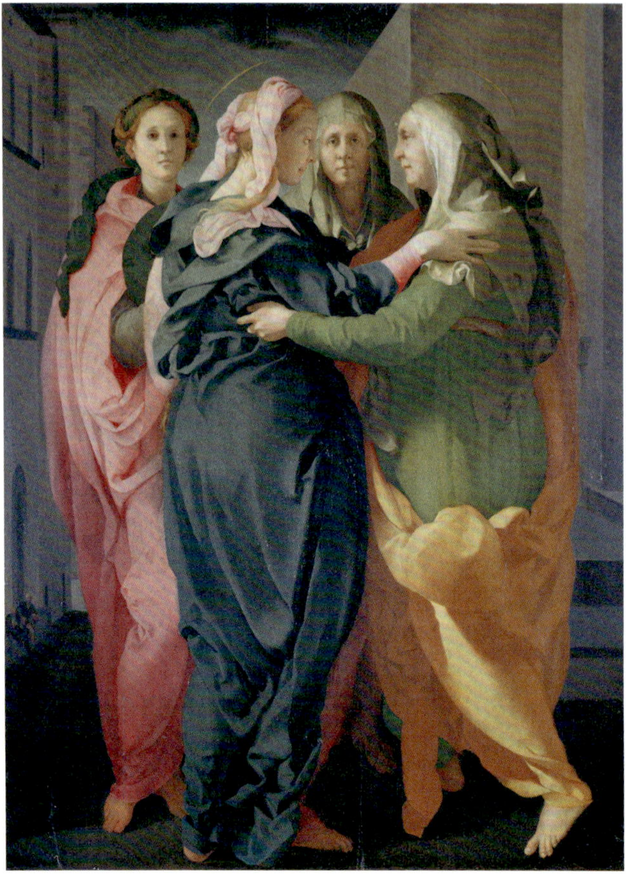

Pontormos »Mariä Heimsuchung« entstand um 1528 und findet sich in der Kirche Santi Michele e Francesco im italienischen Carmignano.

JACOPO DA PONTORMO FREUT SICH MIT SPÄTEN MÜTTERN

Die biblische Elisabet litt unter Unfruchtbarkeit. Die Jahre zogen dahin, und mit ihnen die Hoffnungen. Dass sie noch schwanger werden sollte, mochte weder Elisabet glauben noch ihr Gatte, der Priester Zacharias. Doch als er im Tempel seinem Amt nachging, kündigte ihm ein Engel die Geburt eines Sohnes an.

Elisabets Bauch wuchs. Monate später erschloss sich der göttliche Plan hinter ihrer späten Mutterschaft: Sie bekam Besuch von der jungen Maria, die kürzlich auf noch ungewöhnlichere Weise empfangen hatte. Das Kind in Elisabets Schoß soll vor Freude gehüpft haben – es wird Johannes heißen und einmal die Ehre haben, Marias Sohn Jesus zu taufen.

Ein außergewöhnliches Bild dieser Begegnung malte der florentinische Manierist Jacopo da Pontormo etwa im Jahr 1528. Seine Protagonistinnen berühren und betrachten die jeweils andere in gekonnter Mischung aus Nähe und Distanz. Elisabet tippt das Gewand der Jüngeren auf Rippenhöhe an, und diese ertastet sachte die Schulter der Älteren unter deren Schleier. Es ist, als setzten die beiden zu einem Walzer an. Elisabets Fuß hebt vom Boden ab und tänzelt. Die Leichtigkeit fällt deshalb so auf, weil die in

Orange und Grün gehüllte Elisabet die fünfzig überschritten haben dürfte. Pontormo verschweigt keine Falte in ihrem ausdrucksstarken Gesicht und zeigt die erschlaffende Haut am Doppelkinn. Sein Thema ist der Kontrast von junger und älterer Frau, von idealschöner und realer Gestalt. Um dies zu verdeutlichen, wiederholt er beide Figuren im Hintergrund: Nun blicken eine junge Unschuld und eine lebenserfahrene Dame die Betrachter frontal an.

Pontormo kannte offenbar Albrecht Dürers Kupferstich von den »Vier Hexen«: Auch hier sind vier Figuren von unterschiedlichen Seiten zu sehen; sie sind nackt, sehen aber keineswegs aus, als hätte der deutsche Künstler sie einem Katalog für Traumfrauen entnommen. Bei Dürer sind Runzeln erlaubt und auch eine grimmige Miene. So ist das Leben, und je älter Menschen werden, desto mehr Persönlichkeit steht ihnen ins Gesicht geschrieben.

Pontormos »Mariä Heimsuchung« hängt in dem toskanischen Ort Carmignano in einer Kirche. Das Gemälde zieht immer noch Frauen an, die für eine Schwangerschaft beten. Viele von ihnen dürften nicht mehr jung sein. Wer weniger Gottvertrauen hat, spielt heute vielleicht mit dem Gedanken, Eizellen einzufrieren und aufzubewahren, also dem Schicksal mit moderner Medizin auf die Sprünge zu helfen. Weil die Idee verführerisch ist, in der Lebensmitte noch einmal loszutanzen.

Hochschulprofessoren, die nicht mehr reisen dürfen, Journalisten, die verhaftet werden – die Freiheit der Lehre, der Meinung und der Rede gilt in der Türkei nicht mehr viel. In manchen anderen Ländern sieht es nicht besser aus. Doch nur unabhängige Wissenschaftler können ihre Fächer voranbringen; Forschung und Medien brauchen den offenen, angstfreien Diskurs.

In alten Märtyrer-Darstellungen werden Menschen für ihre Überzeugungen gerädert, gehäutet, verbrannt. Schnell wird aus dem Bekenntnis zu einer Minderheit, dem frühen Christentum, eine Frage auf Leben und Tod. Wäre es nicht besser, über Weltbilder zu streiten, statt einander vernichten zu wollen? Das muss sich Katharina aus dem ägyptischen Alexandria gedacht haben, als sie der Legende nach dem römischen Kaiser gegenübertrat, der Christen verfolgte. Er sagte zu, fünfzig Philosophen zusammenzurufen, um mit ihr zu diskutieren. Die gelehrte Frau – in einigen Überlieferungen wird sie Doktor genannt – gewann Punkt um Punkt die intellektuelle Auseinandersetzung. Am Ende bekannten sich die Herren zum Christentum.

Besonders eindrücklich hat der toskanische Künstler Masolino, der Lehrer des großen Masaccio, die Szene

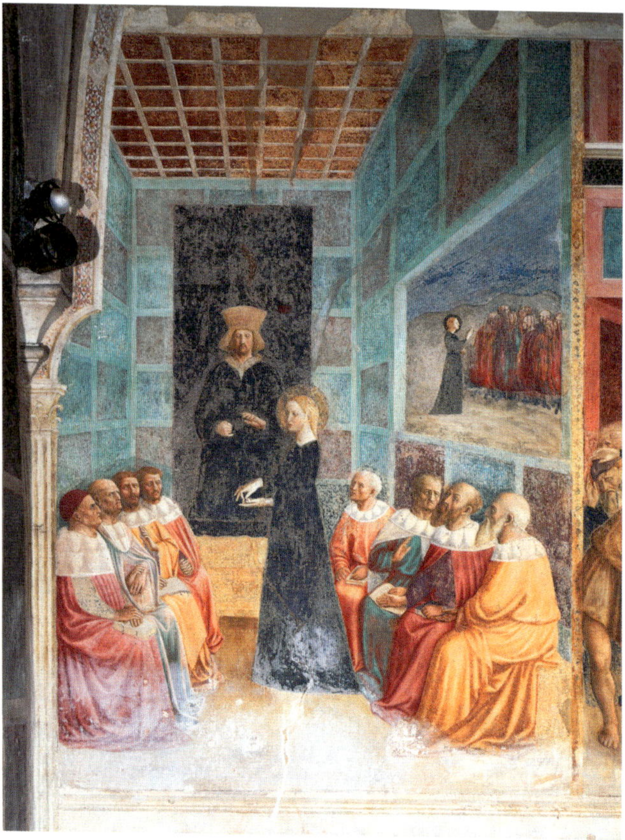

Masolino malte vor 1431 die heilige Katharina im Disput mit Denkern für die Kirche San Clemente in Rom.

gemalt. Sie ist Teil einer Wand mit Katharinenfresken, die vor 1431 in der römischen Kirche San Clemente entstanden und heute noch dort zu sehen sind. Katharina verweigert den Götzendienst, sie wird gerädert, und dann schlägt ein Henker ihr noch den Kopf ab. Am Ende gewinnt die wortlose Gewalt.

Vorher aber gewinnt der Gedanke. Schwarz gekleidet tritt Katharina den Philosophen gegenüber, was sie mit dem im Bild thronenden Herrscher vergleichbar macht. Ihr Heiligenschein über blondem Haar leuchtet heller als sein Hut, ebenso strahlen ihre Finger, an denen sie Argumente abzählt. Die Männer hinter ihrem Rücken wehren sich noch gegen die Lichtgestalt, die vor ihr aber kommen schon ins Grübeln – obwohl ihnen schwant, was sich als Vision im rechten Bildfeld abzeichnet: Auch sie werden für ihren Glauben auf dem Scheiterhaufen landen.

Schon die Renaissance weiß: Sanktionen aller Art sind ein Zeichen der Schwäche; stark ist die Freiheit des Sprechens, Streitens, Denkens.

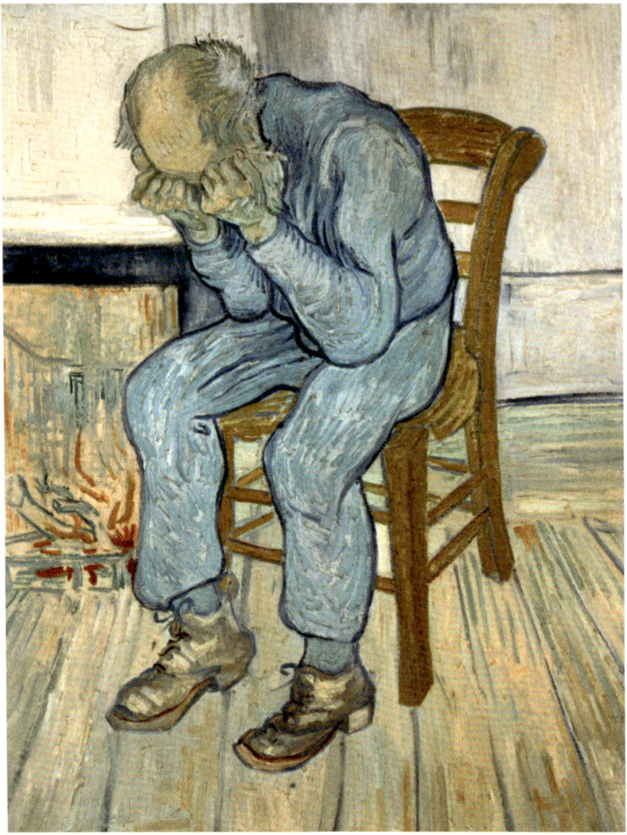

Kurz vor seinem Tod, 1890, malte Vincent van Gogh
»An der Schwelle der Ewigkeit«.
Es gehört dem Kröller-Müller Museum nahe Otterlo
in den Niederlanden.

VINCENT VAN GOGH PRANGERT ALTERSARMUT AN

Die Ökonomie in Deutschland mag boomen, doch fürchten auch hier etliche Normalverdiener den Abstieg. Das Zinstief drückt auf die Lebensversicherungen, das Rentenniveau sinkt. Viele sorgen sich um ihren Lebensstandard, wenn nicht heute, so doch in zwanzig oder dreißig Jahren. Das ist auch deshalb beunruhigend, weil viele Deutsche seit nun schon mehreren Generationen kaum noch eine Vorstellung von echter materieller Not haben. Wie sieht sie denn aus, die Altersarmut? Ja wohl nicht wie die reisefreudigen Rentner aus der Werbung und den öffentlich-rechtlichen Spielfilmen.

Die Antwort, die Vincent van Gogh im Jahr 1890 fand, fiel drastisch aus. In einer Armenküche sah er einen alten Mann namens Zuiderland. Der wurde das Modell für van Goghs Gemälde »An der Schwelle der Ewigkeit«. In seinem blauen, an der Schulter eingerissenen Arbeitsanzug wärmt sich Zuiderland an einem rot lodernden Kaminfeuer. Er reibt sich die Augen, stützt sein Gesicht auf die Fäuste, seine Züge erkennt man nicht. Die Ritzen des Dielenbodens laufen in einer aus den Fugen geratenen Perspektive nach hinten; es gibt keinen Halt in diesem Raum. Die Not des Mannes steigert van Gogh zu nackter Verzweiflung, zu einem keineswegs nur äußerlichen Unglück. Das Licht im hellen Hintergrund tröstet Zuiderland nicht.

Der Maler orientierte sich bei seiner Darstellung des armen Greises weniger an älteren Gemälden als an den damals modernen Medien. Wie der Kunsthistoriker Michael F. Zimmermann gezeigt hat, studierte van Gogh eifrig die illustrierte Presse seiner Zeit, etwa die Holzstiche und Lithografien Hubert von Herkomers mit Szenen der Armenfürsorge. Van Gogh bewunderte die Wirklichkeitsnähe der Illustrierten; in einem Brief erwähnt er Herkomers Arbeiten und wünscht sich, diese selbst nachempfinden zu können. Doch seine Malerei war den Zeitschriften schließlich nicht einmal ähnlich. Van Goghs Pinsel führt ein so tiefes Mitgefühl, dass über alle Epochen gültige Bilder entstanden, die das Menschliche an sich berühren. Armut ist bei van Gogh gefährlich, weil sie die Würde antastet.

TIZIAN SEHNT SICH NACH DER LIEBESHEIRAT

Eine Braut schaut uns an, blond, gut frisiert, weißes Gewand, ebenmäßiges Gesicht. Neben ihr eine ebenso schöne Frau, bekleidet nur mit wehendem, rotem Umhang und weißem Lendentuch. Sie wendet sich der anderen zu, beginnt einen Flirt. Ein kleiner Junge kräuselt das Wasser in dem sarkophagartigen Brunnen, an dessen Rand die Damen lehnen. In den Augen unserer Zeit sieht das aus nach: Liebesheirat. Frauenhochzeit mit Stiefkindadoption. Im Feld sitzt ein Hasenpaar und schaut zu. Und wir, die Betrachter, sind die Trauzeugen.

So ist es natürlich nicht. Das Gemälde wurde 1514 in Venedig gemalt, von dem jungen Tizian. Traditionell heißt es »Himmlische und irdische Liebe«. Den Part der himmlischen Liebe übernimmt die freizügigere Bildpartnerin, Venus. Sie und ihr Söhnchen Amor haben eine Mission. Sie wollen die junge Braut links die Liebe lehren. Denn im frühen 16. Jahrhundert sind Ehen in der Regel arrangiert; gerade in der Handelsmetropole Venedig geht es darum, ob zwei Familien, nicht zwei Menschen, zueinander passen. Dies sorgt für viel Unglück. Heimliche Liebhaber fürchten den Ehrenmord. Nur wer Liebe in Geld verrechnet und Prostitution oder Zweckehe wählt, erspart sich Herzschmerz.

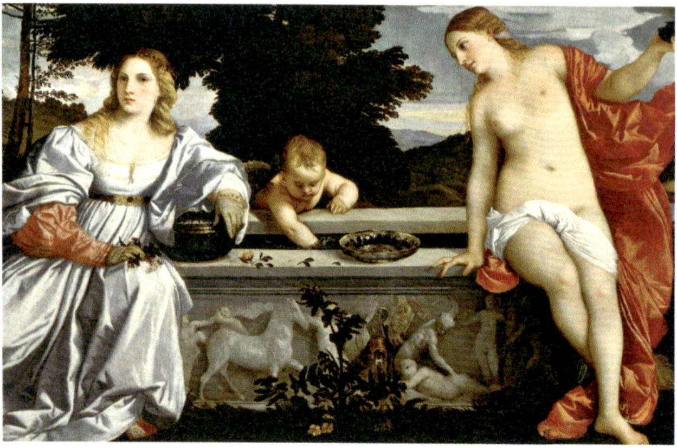

Tizians »Himmlische und irdische Liebe« (Ausschnitt) von 1514 gehört der Galleria Borghese in Rom.

Wer als Mann sensibler ist, dem bleiben bloß Malerei und Literatur.

Das Gemälde der zwei Frauen ist etwas Besonderes, weil es die Spannungen andeutet, welche durch strikt ökonomisierte Geschlechterverhältnisse entstehen. Anlass des Bildes ist die Hochzeit von Laura Bagarotto und Niccolò Aurelio am 17. Mai 1514 in Venedig. Das Wappen des Bräutigams prangt am Sarkophag. Er hatte Grund, an Lauras Zuneigung zu zweifeln – verantwortete er als Mitglied des Rats der Zehn doch die Hinrichtung ihres Vaters. Dem Rechtsgelehrten war vorgeworfen worden, mit antivenezianischen Truppen kooperiert zu haben. Nach der Hinrichtung konfiszierte der Staat Lauras Aussteuer, sie war nun mittellos. Und hatte keine andere Wahl, als Niccolò zu heiraten. Nach Liebesheirat klingt das nicht.

Im Bild schickt der Bräutigam Venus vor, die seine Braut verführen soll. Amor rührt das Wasser, um zwischen dem Mädchen und der Göttin zu vermitteln. Aus Keuschheit soll Leidenschaft werden, aus Kränkung Liebe. Leben soll aus dem Unglück wachsen, Wasser sprudeln im Sarkophag, bei dem man unwillkürlich an den Sarg des Vaters denken muss. Das Wasser tränkt einen Blumenstrauch, eine Blüte hält die Braut in der Hand.

Selbst das Herz eines Erpressers war empfänglich für eine der großen Sehnsüchte seiner Zeit: in der Ehe gewollt zu werden. Heute ist die Liebesheirat nicht allen, aber vielen Menschen möglich. In Deutschland nun auch zwei Bräuten in Weiß und Rot.

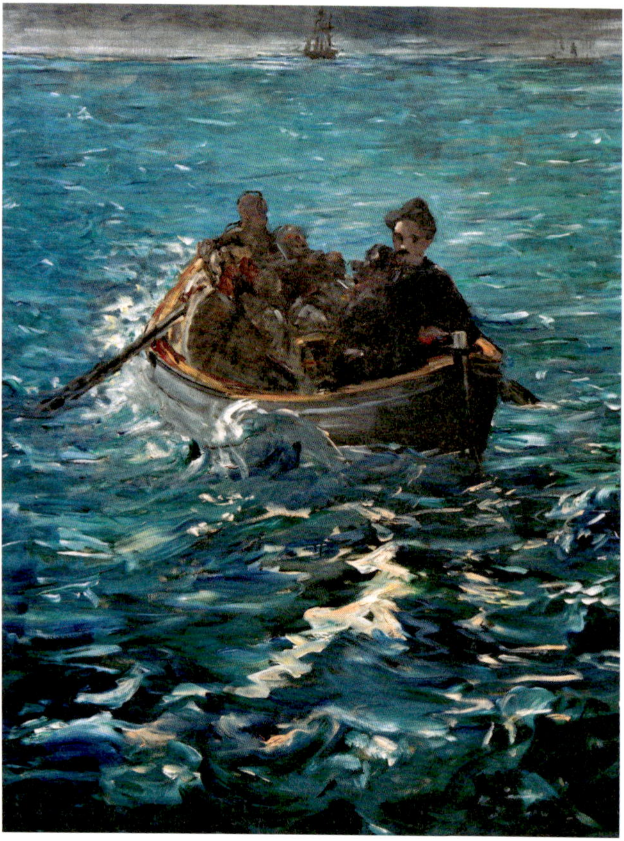

»Henri Rocheforts Flucht« von Édouard Manet (1881) hängt im Kunsthaus Zürich.

ÉDOUARD MANET SPÜRT DEM VERLORENSEIN AUF DER FLUCHT NACH

Wer umzieht, der nimmt mit, was er braucht und was ihn an sein bisheriges Leben erinnert: die Fotoalben, Bücher und die zu engen Kleider, die bestimmt bald wieder passen werden. Die Teekanne der Oma, den sperrigen, aber treuen Kaktus. Wer aber flieht, der muss brechen mit so gut wie allem, was ihn einst umgab. Er verliert die Dinge, die Gewohnheiten und auch die meisten ihm wichtigen Menschen. Flucht, so die Philosophin Hannah Arendt, bedeute »den vollständigen Zusammenbruch unserer privaten Welt«.

Der Maler Édouard Manet war fasziniert von der Geschichte des Henri Rochefort. Der republikanische Publizist mit Hang zum Pamphlet hatte 1871 den Aufstand der Pariser Kommune unterstützt und war deshalb zwei Jahre später in eine Strafkolonie auf eine Südseeinsel verbannt worden. Er entkam auf einer Barke, schrieb dies triumphierend auf und erhielt in Paris Amnestie.

Rochefort sah sich als Held; Manet aber fragte sich, wie eine so riskante Reise sich wirklich angefühlt haben mag. Der Künstler stellte ein Ruderboot in seinen Garten und zeichnete es ab. Dann entschied er sich für ein Hochformat. Üblicherweise wurden Meeresszenen in der Breite gemalt, Manet aber brauchte einen hoch sitzenden Horizont. So konnte er in Nahsicht auf die gefährlich schimmernden Wogen auch die Weite des Meeres zeigen und die Verlorenheit der Menschen, die ihr ausgesetzt sind.

Nur eine Figur ist kenntlich, sie hebt sich aus der konturlosen Gruppe im Boot ab: Rochefort mit seinem Schnauzbart und der schwarzen Melone, die er retten konnte. Er blickt in unsere Richtung, aber er sieht uns nicht und schaut durch uns hindurch. Ungewissheit spiegelt sich in seinen dunklen Augen und ein existenzielles Verlassensein. Das Spiel bestimmt in diesem Moment nicht er. Über das Schicksal entscheiden die mal grün glitzernden, mal weiß schäumenden Wellen. Der Fliehende hat schon viel zurückgelassen, jetzt muss er auch um das Letzte bangen, was ihm geblieben ist: sein Leben.

Auf dem Salon in Paris wurde das beunruhigende Gemälde nicht ausgestellt, auch Rochefort wollte es nicht haben. Das Meer ist schön, die Angst aber ist es nicht.

TEXT- UND BILDNACHWEIS

Es sind Artikel enthalten, die ursprünglich in der Süddeutschen Zeitung erschienen.

akg-images, Berlin: Seite 18 (Erich Lessing), 34, 36 (Joseph Martin), 48 (Erich Lessing), 54, 60 (Erich Lessing), 70 (Erich Lessing), 72, 82 (Cameraphoto), 88, 90, 94 (Erich Lessing), 100 (De Agostini Picture Library, Vincenzo Pirozzi), 102, 108

bpk, Berlin: 30 (RMN – Grand Palais, Philippe Bernard), 96 (Alinari Archives, Raffaello Bencini)

Bridgeman Images, Berlin: 28

Galleria Borghese, Rom: 106

mauritius images, Mittenwald: 46, 52, 84

Mauritshuis, Den Haag: 76

The Metropolitan Museum of Art, New York: 16, 40

Museu Nacional d'Art de Catalunya, Barcelona: 78

The Museum of Modern Art, New York: 42

Weitere Nachweise über das Bildarchiv des Insel Verlags.

 Bezugspapier: Lorenzo Lotto, *Die Verkündigung an Maria*, um 1534/35. Foto: akg-images, Berlin. Gesetzt in der Schrift Swift Neue LT Pro. Gedruckt auf holzfreies, alterungsbeständiges mattgestrichenes Werkdruckpapier der Firma Papier Union, Hamburg, von der Memminger MedienCentrum AG. Gebunden in Fadenheftung von der Josef Spinner Großbuchbinderei GmbH, Ottersweier. Printed in Germany. Erste Auflage 2018. ISBN 978-3-458-19448-4